"十二五"国家重点图书出版规划项目

中国企业行为治理研究丛书

U0750018

企业管理卷

伦理型领导与员工创新：
文献回顾及实证研究

王永跃 著

浙江工商大学出版社 | 杭州
ZHEJIANG GONGSHANG UNIVERSITY PRESS

图书在版编目(CIP)数据

伦理型领导与员工创新：文献回顾及实证研究 / 王
永跃著. —杭州：浙江工商大学出版社，2020.1
ISBN 978-7-5178-2006-2

Ⅰ. ①伦… Ⅱ. ①王… Ⅲ. ①领导方法－影响－企业
创新－创新管理－研究 Ⅳ. ①F272

中国版本图书馆 CIP 数据核字(2016)第 324118 号

伦理型领导与员工创新：文献回顾及实证研究

王永跃 著

责任编辑	郑　建	
封面设计	林朦朦	
责任印制	包建辉	
出版发行	浙江工商大学出版社	
	（杭州市教工路 198 号　邮政编码 310012)	
	（E-mail：zjgsupress@163.com)	
	（网址：http://www.zjgsupress.com)	
	电话：0571－88904980,88831806(传真)	
排　　版	杭州朝曦图文设计有限公司	
印　　刷	虎彩印艺股份有限公司	
开　　本	710mm×1000mm　1/16	
印　　张	12	
字　　数	200 千	
版 印 次	2020 年 1 月第 1 版　2020 年 1 月第 1 次印刷	
书　　号	ISBN 978-7-5178-2006-2	
定　　价	39.00 元	

本书得到以下资助：

◎ 浙江省重点人文社科基地:浙江工商大学企业管理学
◎ 浙江省精品课程:浙江工商大学企业领导学
◎ 浙江工商大学精品通识课:领导力与团队建设

总　序

　　企业是社会发展的产物,随着社会分工的开展而成长壮大。作为现代经济中的基本单位,企业行为既是微观经济的产物,又是宏观调控的结果。就某种意义而言,企业行为模式可被看成整个经济体制模式的标志。

　　从社会学的研究来看,人类社会就是一部社会变迁的进步史,社会变迁是一个缓慢的过程,而转型就是社会变迁当中的"惊险一跳",意味着从原有的发展轨道进入新的发展轨道。三十多年来,我们国家对外开放、对内改革,实质上就是一个社会转型的过程。这一时期,从经济主体的构成到整个经济社会的制度环境都发生了巨大变迁,而国际环境也经历着过山车般的大起大落。"十一五"末期国际金融海啸来袭,经济急速下滑,市场激烈震荡,其对中国经济、中国企业的影响至今犹存。因此,国家将"十二五"的基调定为社会转型。这无疑给管理学的研究提供了异常丰富的素材,同时也给管理学研究者平添了十足的压力。

　　作为承载管理学教学和科研任务的高校,如何在变革的时代有效地发挥自身的价值,以知识和人才为途径,传递学者对时代呼唤的响应,是一个非常值得思考的论题。这个论题关系到如何把握新经济环境下企业行为的规律,联系产业特征、地域特点,立足当下,着眼未来,为企业运营、政府决策提供有力的支持。

　　在国际化竞争和较量的进程中,中国经济逐渐显现出一种新观念、新技术和新体制相结合的经济转型模式。这种经济转型模式不仅是中国现代经济增长的主要动力,而且将改变人们的生产方式和生活方式，企业则是这一过程的参与者、推动者和促成者。因此，企业首先成为我们管理学研究者最为关注的焦点。在经济社会重大转型这一背景之下，一方面由于企业内部某种机理的紊乱，以及转轨时期企业目标的交叉连环性和多元性；另一方面由于外部环境的不合理作用，所以企业行为纷繁复杂，既有能对经济社会产生强劲推动作用的长远眼光，也存在破坏经济社会可持续发展的短视行为。随着经济和社会的进步，企业不仅要对营利负责，还要对环境负责，并需要承担相应的社会责任。总体而言，中国企业在发展中面临许多新问题、新矛盾，部分企业还出现生产经营困难，这些都是转型升级过程中必然出现的现象。

"转型"大师拉里·博西迪和拉姆·查兰曾言："到了彻底改变企业思维的时候了，要么转型，要么破产。"企业是否主动预见未来，实行战略转型，分析、预见和控制转型风险，对于转型能否成功至关重要。如果一个企业想在它的领域中有效地发挥作用，行为治理会涉及该企业将面临的更多问题；而如果企业想要达到长期目标，行为治理可以为其提供总体方向上的建议。在管理学研究领域，行为治理虽然是一个全新的概念，却提供了一个在新经济环境下基于宏观、中观、微观全视角来研究企业行为的良好开端。

现代公司制度特指市场经济中的企业法人制度，其特点是企业的资产所有权与资产控制权、经营决策权、经济活动的组织管理权相分离。于公司治理而言，其治理结构、方式等的选择和演化不仅受到自身条件的约束，同时还受到政治、经济、法律和文化等外部制度环境的影响。根据 North（1990）的研究，相互依赖的制度会构成制度结构或制度矩阵，这些制度结构具有网络外部性，并产生大量的递增报酬。这使得任何想改善公司治理的努力都会受到其他制度的约束，使得公司治理产生路径依赖。在这种情况下，要想打破路径依赖，优化治理结构，从制度设计角度出发进行行为治理，便是一个很好的思路。

此外，党的十八届四中全会提出"实现立法和改革决策相衔接,做到重大改革于法有据,立法主动适应改革和经济社会发展需要"的精神,而《中华人民共和国促进科技成果转化法修正案(草案)》的通过,则使促进科技创新的制度红利得到依法释放。我国"十二五"科学和技术发展规划中明确指出,要把科研攻关与市场开放紧密结合,推动技术与资本等要素的结合,引导资本市场和社会投资更加重视投向科技成果转化和产业化。新时期科技创新始于技术,成于资本,以产业发展为导向的科技创新需要科技资源、企业资源与金融资源的有机结合。因此如何通过有效的企业行为治理,将各方资源进行有效整合,则成为促进科学技术向第一生产力转化所面临的新命题。

由上述分析可以发现,无论是从制度、科技、创新角度,还是从公司治理、企业转型角度出发,企业的目标都是可持续的生存和发展,而战略则成为企业实现这一目标的有效途径。战略强调企业与环境的互动,如何通过把握新时期、新环境来制定和执行有效的战略决策以获取竞争优势,则成为企业在新经济环境下应担起的艰巨任务。另外,企业制定发展战略的同时应当寻找能为企业和社会创造共享价值的机会,包括价值链上的创新和竞争环境的投资,即做到企业社会责任支持企业目标。履行战略型企业的社会责任不只是做一个良好的企业公民,也不只是减轻价值链活动所造成的不利社会影响,而是要推出一些能产生显著而独特的社会效益和企业效益的重大举措。

浙江工商大学工商管理学院(简称"管理学院")是浙江工商大学历史最长、规模较大的一所学院。其前身是 1978 年成立的企业管理系,2001 年改设工商管理学院。学院拥有工商管理博士后流动站和工商管理一级学科博士点,其学科基础主要是企业管理,该学科 1996 年成为原国内贸易部重点学科,1999 年后一直是浙江省重点学科,2006 年被评为浙江省高校人文社科重点研究基地,2012年升级为工商管理一级学科人文社科重点研究基地。该研究基地始终围绕"组织、战略、创新"三个最具企业发展特征的领域加以研究,形成了较为丰硕的成果。本套丛书正是其中的代表。

经过多年的理论研究和实践尝试,我们认为中国企业经历了改革开放后三十多年的高速发展,已然形成了自身的行为体系和价值系统,但是在国际环境复杂多变及国内改革步入全面深化攻坚阶段的特殊历史背景下,如何形成系统的行为治理框架将直接决定中国企业可持续发展能力的塑造及核心竞争力的形成。

本套丛书以中国企业行为治理机制为核心,分"公司治理卷""转型升级卷""组织伦理卷""战略联盟卷""社会责任卷""领导行为卷""运营管理卷"七卷,从各个视角详细阐述中国企业行为治理的理论前沿及现实问题,首次对中国企业行为治理的发展做了全面、客观的梳理。丛书内容涵盖了中国企业行为的主要领域,其中涉及战略、组织、人力、创新、国际化、转型升级等宏观、中观、微观层次,系统完备;所有分卷都是所属学科的最前沿研究主题,反映了国内外最新的发展动态;所有分卷的作者均具有博士学位,是名副其实的博士文集,其中就包括该领域国内外知名的专家和学者;所有分卷的内容都是国家自然科学基金、国家社科基金及教育部基金的资助项目,体现了较强的权威性,符合国家科研发展方向。

本套丛书既是我们对中国企业行为治理领域相关成果的总结,也是对该领域未来发展方向探索的一次尝试。如果本套丛书能为国内外相关领域理论研究与实践探索的专家和学者提供一些基础性、建设性的意见和建议,就是我们最大的收获。

"谦逊而执着,谦恭而无畏",既是第五级管理者的特质,也是我们从事学术研究的座右铭。愿中国企业行为治理研究能够真正实现"顶天立地、福泽万民"!

郝云宏

浙江工商大学工商管理学院院长　教授　博导

2018 年 12 月 15 日于钱塘江畔

摘　要

　　本书主要围绕组织中的伦理型领导对员工创新能力(也包括创造力)的影响机制进行了探讨。全书总共七章。这七章可以大体分为三个篇章。第一篇为理论篇,包含导论及伦理型领导概念结构及其效用两章。第二篇为中国企业中伦理型领导与员工创新关系的实证研究。共分三章,分别为:伦理型领导通过心理安全感对员工创造力的影响机制;伦理型领导、创造力自我效能感及员工创造力;伦理型领导、组织公平与员工创新行为的关系研究。第三篇为总结与展望篇。包含第六章与第七章。第六章主要综合第二篇实证研究,对领导者的道德特质对员工创新影响的结论进行深入剖析,希望从理论高度进行实证研究的归纳与总结。第七章从现实的企业管理实践视角出发,提出具体的管理建议,以推动我国企业组织领导者道德特质的建议及提高员工的创新水平。

　　本书的主要特色是理论与实证并重,通过理论梳理使读者了解伦理型领导发展的沿革,通过实证研究发现伦理型领导对员工创新能力及创造力的影响机制,从而为组织中员工创造力的激发提供一个新的视角。本书适合普通高校企业管理专业的研究生阅读,也可作为领导力教学的参考用书。

目　录

Contents

目　录

Contents

目　录

Contents

第一章 导 论

[本章导读]

    本章主要从安然及绿大地公司的案例着手,分析在进入新世纪后,企业组织的领导者对企业的影响,引出对企业领导者的道德特质关注的现实基础。从而引出目前在理论界基于不同的文化背景分别有两种领导类型关注领导者的道德特质。一个是植根于西方文化背景下的伦理型领导概念,一个是起源于东方儒家文化的德性领导。并指出领导者的定义、职责及影响力的种类,为后续的研究打下良好的理论基础。第一章的第二节简要介绍本书的研究框架与研究方法。

第一节 研究的背景与意义

一、研究的现实背景

    安然公司曾是一家位于美国得克萨斯州(休斯敦市)的能源公司。在2001年宣告破产之前,安然拥有约 21 000 名雇员,是世界上规模最大的电力、天然气以及电讯公司之一,2000 年披露的营业额达 1 010 亿美元之巨。公司连续六年被《财富》杂志评选为"美国最具创新精神公司",然而真正使安然公司在全世界声名大噪的,却是使这个拥有上千亿资产的公司在几周内破产的持续多年精心策划、甚至于是制度化系统化的财务造假丑闻。安然欧洲分公司于 2001 年 11 月 30 日申请破产,美国本部于 2 日后同样申请破产保护。公司的留守人员主要进行资产清理、执行破产程序以及应对法律诉讼,从那时起,"安然"已经成为公司欺诈以及堕落的象征。

一夜之间，在全球拥有 3 000 多家子公司及约 21 000 名雇员、曾在《财富》杂志"美国 500 强"排名第七、连续六年被《财富》杂志誉为"最具创新精神"的全球第一大能源公司，突然申请破产。它的破产，使美国、欧洲及亚洲的债权银行损失了 50 多亿美元，使持有安然股票的共同基金损失了数十亿美元，同时也会危及华盛顿的政治家们，危及民主、共和两党政治天平的平衡。它究竟是谁？它就是掌控着美国 20％的电能和天然气交易，被誉为"华尔街宠儿"的美国安然公司。安然公司的轰然崩塌无疑成为破产案中研究的典范，到底是什么致使拥有上千亿资产的安然公司在几周内破产？

2001 年年初，一家有着良好声誉的短期投资机构老板吉姆·切欧斯公开对安然的盈利模式表示了怀疑。他表明，安然公司表面上看起来很辉煌的业务，其实实际上并赚不到什么钱，也没有人知晓安然公司到底是怎么赚钱的。据他分析，安然的盈利率在 2000 年为 5％，到了 2001 年初就降到 2％以下，对于投资者来说，投资回报率仅有 7％左右。

切欧斯还注意到有些文件涉及了安然背后的合伙公司，这些公司和安然有着说不清道不明的幕后交易。作为安然的首席执行官，斯基林一直在抛出手中的安然股票——而他不断宣称安然的股票会从当时的 70 美元左右升至 126 美元。然而按照美国法律规定，公司董事会成员如果没有离开董事会，就不能抛出手中持有的公司股票。

首先遭到质疑的是安然公司的管理层，包括董事会、监事会和公司高级管理人员。他们面临的指控包括疏于职守、虚报账目、误导投资人以及牟取私利等。然后，一直隐藏在安然背后的合伙公司开始露出水面。经过调查，这些合伙公司大多被安然高层所控制，安然对外的巨额贷款经常被列入这些公司，而不出现在安然的资产负债表上。这样，安然高达 130 亿美元的巨额债务就不会为投资人所知，而安然的一些高层也从这些合伙公司中牟取私利。

更让投资者气愤的是，显然安然的高层对于公司运营中出现的问题非常了解，但长期以来熟视无睹甚至有意隐瞒。包括首席执行官斯基林在内的许多董事会成员一方面鼓吹股价还将继续上升，一方面却在秘密抛售公司股票。而公司的 14 名监事会成员有 7 名与安然关系特殊，要么正在与安然进行交易,要么供职于安然支持的非盈利机构,对安然的种种劣迹睁一只眼闭一只眼。

答案是唯一的:高层管理者持续多年精心策划、乃至制度化系统化的财务造假丑闻。主要可以归为以下几点:(1)暗箱操作,将债务、坏账转移到分支公司。美国《商业周刊》曾认为,安然公司将财务的责任从账面载体上消除,创造性地做账,防范任何人(中下层职员、政府部门、股民等)发现他们的外荣内枯的情况。(2)利用财经审计的巨大漏洞,进行秘密交易以及"圈内人"交易。《商业周刊》曾指出,律师、投资银行、会计师可能因此捞取 3 亿美元,而《纽约时报》则指出该经济额度可能高达 11 亿美元。(3)利用商业限制的取消及政治力量。美国 10 年来商业限制的取消给安然公司提供了可乘之机,同时,由于安然公司与美国政界保持良好关系,重写的美国政府能源政策条文更加倾向于安然公司的利益。(4)不断编造商业景气的报道,误导股民及广大民众。在安然公司破产前几个月,安然已将内里掏空,但对外宣传仍是莺歌燕舞。

而在地球的这一边,类似的事情也在同样发生着。作为中小板首例欺诈发行股票案例,云南省绿大地生物科技股份有限公司财务造假案也给公众留下了深刻的印象。成立于 1996 年的云南省绿大地生物科技股份有限公司(简称绿大地),被称为信誉度最差的 A 股上市公司,上市前每股净资产 4.43 元,于 2007 年 12 月 21 日在深圳证券交易所挂牌上市,发行价为 16.49 元。绿大地以绿化工程和苗木销售为主营业务,是云南省最大的特色苗木生产企业,也是国内绿化行业第一家上市公司,号称园林行业上市第一股,其复权后股价曾一路飙升到 81.05 元。然而在 2010 年 3 月,绿大地因涉嫌信息披露违规被立案稽查。证监会发现该公司存在涉嫌"虚增资产、虚增收入、虚增利润"等诸多违法违规行为。2011 年 3 月 17 日,绿大地创始人兼董事长何学葵因涉嫌欺诈发行股票罪被捕,自此股价一路下跌,半年多跌幅超过 75%。由此逐步揭开了绿大地的财务"造假术"。

在经过一系列的法庭审理之后,2012 年 5 月 7 日,绿大地案在昆明市中级人民法院重审开庭。何学葵当庭翻供,并辩称之前的供述是诱供的结果。何学葵当庭不仅全盘否认公诉机关的指控,而且推翻了以前在侦查机关的供述。在昆明市中级人民法院开庭重审 9 个月之后,何学葵等嫌疑人均被加重判决。

《证券市场周刊》获得的司法机关资料显示，何学葵控制绿大地的这段时间里曾多次虚增造假绿大地资产，先后通过注册和购买关联公司共计 35 家，进行虚增资产和收入。在被监管机构立案稽查后，又在短期内发布五度变脸的巨亏业绩报告。

以上的案例企业中，企业的领导者自始至终都知晓、默许并参与了相关的违法犯罪活动，而不单纯是他们在事发后辩解称的不知道，都是员工的错等。鉴于组织领导者在组织中的重要作用，领导者犯错将对企业的发展带来不可估量的影响。"领导者就像飞行员，飞的越高，犯错误的空间就越小"，这句话也说明了上述案例企业领导者的方向性错误给企业带来的毁灭性打击。

在现实的企业管理过程中，我们经常会发现一些现象，这些现象利用直观的经验思维很难得到进一步的解释，如是什么原因使杰克·韦尔奇获得如此巨大的成功，成为一代管理学的"偶像"？而爱可卡这样在老东家福特汽车公司倍受排斥的领导者，来到另外一家深陷亏损的克莱斯勒公司之后，却成为了这家公司的救世主？为什么安迪·格鲁夫的一个决策就能使濒临失败的英特尔公司反败为胜，成为全世界计算机行业利润率最高的公司之一？而在中国，与任正非、柳传志及张瑞敏等同一个时代成长起来的企业家，有许多人的企业倒闭，或者只是在一个小平台上苟延残喘，而任正非、柳传志及张瑞敏的企业却成长为世界级的巨人，参与到全球范围的竞争。类似的，在互联网浪潮中创业的一代，李彦宏、马云及马化腾等人成为新一代知识英雄，而仍有大量同时代创业的创业者"泯然众人"。

这一系列的现象，使实践界与理论界的人们意识到领导者在企业的发展过程中发挥着巨大的作用。而这些成功失败的案例引发的思考却远不止于此，从实践界的杰克·韦尔奇提出的"停止管理，开始领导吧"的呼唤，到约翰·科特教授说："无论对于企业还是对于其他组织而言，取得成功的方法是，75%～80%靠领导，20%～25%靠管理。"这些都说明一个重要的事实，即使在同样的条件下，因为领导者本人的不同，可能会给组织带来完全不同的结果。这个事实不仅限于企业组织中，小到团队大到政府与国家，都是如此。

而最近的万科与宝能之争也给以上观点给出了有力的支持：一定意义上，当今中国不缺钱，不缺资本，缺的是，像任正非、董明珠、张瑞敏、王石这样卓越的企业家和管理者。在许多分析家看来，万科最优秀的并不是万科的资产，而是万科的管理层。本来，万科的样子就是王石、郁亮等管理层的样子，价值观鲜明，主张"阳光照亮的体制"、"健康丰盛的生活"，理想主义色彩浓烈。消费者买万科的房子，除了买万科房地产的品质之外，还在不自觉地购买一种与万科管理层所倡导的价值观。

对组织发展来说，领导者如此重要，但在人类社会的组织这一形式发展的初端，领导活动并未引起人们的重视。这可能是因为在人类社会发展的早期阶段，生产力的发展水平有限，各类组织的领导活动还主要依靠领导者的个人知识和经验，尤其是经验这一个体化的知识展开的，虽然经验从某种程度上反映了一部分的领导规律，但它并不是全部的反映，因此领导工作活动的开展常常是偶然和没有规律可遵循的。

二、领导的概念及职责

什么是领导？学者们对领导概念的解释也是多元化的，例如认为领导是指挥下属的过程、是一种影响力，是一个涉及到领导者与下属的品质和环境之间函数的动态过程。从领导的词性来说，领导可作为名词也可作为动词。一般而言，作名词使用时的领导是指组织的领导者，领导作为动词使用时一般是指领导的活动。在本书中，我们认为领导是在组织中居于领导地位的人，带领组织成员为实现组织目标的过程。带领组织成员实现组织目标的这一过程，也就是领导的职能发挥作用的过程。

优秀的领导者通过领导职能的有效的发挥，能够为组织的发展确定正确的发展目标与战略，能够充分地调动组织员工的工作积极性，充分地发挥每个员工的智慧潜力，促使各方员工的工作开展更加顺利，组织目标更容易实现。有研究表明，领导职能的有效的运用可以大大激发员工的工作潜能，从而为组织目标的实现作出更大的贡献。

那么组织的领导者的职能主要有哪些？现有学界一般把领导的职能分为以下几种。

（1）作为一个组织的最高领导者，其第一项重要的职能就是决策。对于"身居要职"的组织领导者来讲，在关系到组织全局和未来重大经营发展战略、重大投融资、重大研发计划等一系列重大问题时，作出适应当时情境并具有一定前瞻性的正确决策，是任何组织生存和发展的第一条件。德鲁克认为"领导者是做对的事情，管理者是把事情做多"。由此可见，组织领导者所面临的其实是组织发展方向的问题。方向正确了，组织也有可能发展不好，但方向错误了，组织的一切无从谈起，类似这样的案例在现实管理实践过程中有很多。在面临这样关乎到组织生死存亡的重大决策问题时，就要求组织的领导者一定要有掌握全局信息，掌握决策的基本理论和艺术，并且在决策过程中集思广益、充分论证，以期做出的决策能符合情境及组织未来发展的要求，从而造福组织、造福社会。

（2）用人是组织领导者的关键职能。在组织的各种要素和资源中，人的要素和资源是最重要的，能够直接或间接地决定组织目标的实现及实现程度。管理工作如果不了解如何去调动人的因素，开发人力资源，那么其他管理职能都将收效甚微。所以，如何正确地引导组织成员，有效实现组织成员之间的沟通与协调，激发组织成员的积极性，就成为领导的核心问题。领导者的主要工作对象是人，是被领导者。因此如何把合适的人选出来放到合适的岗位上，让他们为组织全力工作，是领导者要考虑的重要问题。首先领导者要会识人，也就是在诸多的被领导者中，把那些符合领导者要求的、符合组织文化要求的个体选择出来，这是一项重要的技能。每个人都是才，但该才与组织的要求能否形成良好的匹配，则是组织领导者的工作。其次，领导者要善于激励人，领导者如能够有效地激励下属，调动下属工作的积极性，使其能够高效率的完成组织交待的各项任务，则也会有助于组织目标的实现。斯蒂芬·罗宾斯说："每个组织都包含人。于是，指导和协调这些人就成为管理工作，这就是管理的领导功能。当管理者激励下属、指导别人的活动、选择最有效的沟通渠道或解决成员之间的冲突时，他们就卷入了领导工作。"

（3）沟通与协调是领导者的主要工作方式。为了实现组织的发展目标，需要领导者协调好各部门之间的横向联系。领导者所处地位的特殊性，决定了他们必须具有全局观念，对企业的战略和计划有深刻的了解，掌握比较全面的信息，能够站在战略高度对组织内各项工作具备认识和把握，当组织中各个部门出现利益冲突时，领导者必须从中沟通与协调，使大家的目标变得一致，从而集中组织的资源，"心往一处想，劲往一处使"，形成较强的合力，以实现组织的战略目标。

要有效的完成以上职能，领导者应该具备一定的素质，这些素质是完成职能的重要保障，总的来说要是思想、品德、知识能力、心理和身体素质。

在组织的领导者必备的素质中处于最高层次的是领导者的思想素质。思想素质的高低决定着组织领导者境界的高低，从而影响组织的品格，进而制约着组织发展的高度与对社会的贡献。领导者要有高度的社会责任感和强烈的进取精神，以推动组织和社会的进步为己任。领导者要有与时俱进的思想观念。与时俱进是指领导者的思想观念、素质要紧跟时代发展的步伐，不断根据社会、环境的发展，抛弃自己错误的观念和认识，并认真学习新的知识与观念，从而使自己能紧跟时代的步伐，进而适应环境的变化对领导者提出的新要求。

品德素质是个体的一种个性品质，是由价值判断、道德要求、道德修养、道德风范及个人品格内化为的心灵深处的整个精神内涵。企业领导者的品德素质是指领导者个体拥有并不断内化了的那些对企业长期生存发展有利的伦理道德观念，并且体现在日常的行为规范中。品德素质是激发、约束心灵和行为的基本素养，良好的品德素质是企业领导者做好企业领导活动的前提。

知识能力素质是指一个人在知识与能力方面的基本素质，主要包括知识结构、知识水平以及运用知识解决问题的能力。知识能力素质对领导者能力素质的发展具有极其重要的作用，是领导能力形成和发展的基础，没有相应的知识与能力，不可能成为好的企业领导者。

心理素质是指一个人的心理过程和个性方面表现出来的持久而稳定的基本特点。心理健康是指个体心理在本身及环境条件许可范围内所能达到的最佳状态，并不是指绝对的十全十美状态。企业领导活动具有紧张性、繁重性、风险性和创新性等显著特点，这就决定企业领导者的心理活动比一般人紧张、频繁，要承受更为沉重的心理压力，更需要心理健康的保障，积极主动地缓解和克服心理压力。

随着工作压力的不断加大和生活节奏的不断加快，企业领导者的身体素质问题显得日益突出，因此很有必要大力强调这一点，强化领导者的身体素质。

经济全球化对企业领导者提出了新的要求。面对纷繁复杂的外部环境，中国企业领导人究竟需要哪些关键特质才能应对新经营环境下的高度不确定性？《世界经理人文摘》邀请世界经理人网站的广大用户、中国企业领导人和管理专家一起推荐和评选出了如下企业领导者的 10 大特质：

（1）建立愿景

确立企业发展方向是领导人最主要的职责之一。建立愿景的能力如果很糟糕，甚至不具备该能力，那么后果就不仅仅是员工得不到激励，更严重的是他们会因此迷失方向或者怀疑目前的方向。当今经济环境不确定性因素的增加，给企业发展方向的确立带来了新的挑战。企业管理者需要对企业愿景有更多的认识，从而准确地把控企业发展的航向。

（2）信息决策

在复杂多变的经营环境中，企业领导人放弃信息分析与理性决策，成为一种倾向。但是，高度不确定性不应该成为企业领导人"拍脑袋"的借口，领导人必须能够在充满不确定性的模糊情景下进行有效决策，否则，极有可能失去最后的机会。

（3）配置资源

把有限的资源配置到能够产生最大效益的人员、项目与任务中，是企业运行的一项基本任务。合理配置有限的资源本身就是一种策略。配置资源中特别要讲究领导技巧，远离市场的领导人不应该直接指令所有资源的配置过程，而是下放权力，允许资源被"吸引"到直接面对市场的人员和他们发现的市场新机会上去。

（4）有效沟通

领导的真正工作就是沟通。优秀的领导人在沟通中应该具有一种化繁为简的才能，能够把很复杂的事情用简洁通俗的语言表达出来。沟通不能总是采取自上而下的模式，领导者需要成为倾听大师，听取来自下属的意见与想法。在组织变革方面的沟通，要求领导人具备足够的耐心和热情。领导人应该选择不轻易放弃的事业，遇到挫折不气馁，并经常在不同场合宣扬这项事业。

（5）激励他人

激励机制一直是中国企业的一个"软肋"。在持续的竞争压力和企业变革中,员工需要的是不断的激励。成功的领导者必须在企业内部建立起有效的激励机制、通明的赏罚制度,实行"绩效付酬",让优秀的员工得到更多的认可,使他们产生归属感。

(6)人才培养

在成功的企业中,培养他人的能力,是判断领导成熟度的重要标准。如果一个领导人害怕自己的下属比自己厉害,而把自己的下属给"淹死"的话,这样的领导者手下不会有能干的人才。因此,一个不遗余力培养人才的领导者,才会拥有很多人才,成功的机会才会更多、更大。

(7)承担责任

即使是一个优秀的企业领导人,在不确定的经营环境中也不可能总是一次就把事情做成功。在遭遇挫折和失败时,只要勇于负起责任,认真总结,从头再来,就会有成功的机会。企业领导人的岗位赋予了他们承担责任的义务。决定性的决策往往具有风险性,但是无论如何,在不确定性情形下进行决策,总比不做决策好。这些时候,领导人肯定要承担风险和责任。

(8)诚实守信

有效的领导者是那些有效地管理不确定性的人,而诚实守信则是有效地管理不确定性的第一条原则。成功领导者们的"最大的成功"在于号召力不只是他们手中的权力,或是施以实惠,更多的是依靠自律和诚信。只有诚信才能使自己在人际关系中保持吸引力,建立广泛而良好的人际关系。从而吸引、留住企业需要的各种优秀人才。

(9)事业导向

成功的企业领导者一定具有强烈的事业心,把企业的事业当做自己的事业,全身心地投入到事业当中去。

(10)快速学习

许多成功的企业家都曾经历过事业的低潮或逆境,其实失败并不可怕。成功之路往往不是简单地写在管理大师们的书籍中,而是由企业家们在一次次失败中领悟、学习出来的。

另外,德国汉斯·W·戈延格教授认为,21世纪的经理人员应具备以下10个条件,如表1-1所示:

表 1-1　21 世纪经理人员应具备的条件

序　号	条　件
1	开阔的视野，要具有全球性眼光
2	要向前看，改进战略性思想
3	将远见卓识与具体目标结合起来
4	要具有适应新的形势和不断变革的能力
5	要具有较强的协调沟通能力和相关知识
6	具有管理各种不同人物和各种不同资源的能力
7	要有不断改进质量、成本、生产程序和新品种的能力
8	要具有创造性管理的才能
9	要善于掌握各种情况和信息，通晓决策过程
10	具有准确的判断力，富于创新精神并能适应社会新的变革

三、领导与创新的关系及作用

站在 21 世纪的今天，回顾人类社会的发展过程，可以明确感知到人类社会的每一个进步都伴随着创新，可以说创新是推动人类社会进步的助推器。远的不说，从世界工业文化的发展过程中我们可以清楚感知到这一点。电的发明改变了人类社会的黑夜，蒸汽机的发明解放了人类对海洋边际的认识，而电话与无线通讯技术的出现，改变了人与人之间的距离，近代的互联网技术的兴起，又为人类社会打开了一个新的世界。由此可以看到，人类社会进步与发展的历史是一部持续创新发展的历史。可以这么说，创新是人类的本能，因为人类有不断追求更好生活的内在需求，而创新是实现这一需求的最有效手段。

虽然创新这一活动贯穿于整个人类社会，但科学意义上创新概念的提出却是在 20 世纪初。美国经济学巨匠约瑟夫·熊彼特在总结前人研究的基础上，首先提出了创新这一概念，他认为：企业的创新创造活动是整个社会经济增长最重要和最根本的动力和源泉。他进一步指出，企业的创新活动可以表现为五种形式：(1)为市场或者消费者提供一种新的产品，这种新产品消费者并不熟悉，或者在某种产品上呈现一种新的特性；(2)在生产过程中，能够采用一种新的同类型的企业并没有采用过的生产方法；(3)为企业开辟或获得一个新的、本企业的产品之前没有获得过的市场；(4)企业打破之前原材料或半成品的供给来源，获得一个新的供给来源；(5)在企业组织形式方面有所变化，如实现垄断或者打破垄断。

除熊彼特对创新的概念界定之外，许多创新领域的研究者也纷纷提出了许多关于创新的概念或者诠释，对创新这一概念赋予了更多的内涵。如有学者认为创新是"创造一种资源"、"将新思想付诸行动"、"发明一种新生事物的过程"等等。可以看出，基于学者不同的研究视角，创新的内涵非常丰富，从积极的观点来看，这种现象表明创新研究的丰富和活跃；而从消极的观点来看，这么多种多样的概念，会造成某种程度的概念混乱，反而不利于创新的科学研究和在现实世界的推广。

研究者为了避免概念上的混乱，对创新进行了分类理解，从而产生了不同的创新研究学派，如经济学上通常将创新划分为技术创新和制度创新，而管理学上则更多地将创新划分为技术创新和管理创新。另外一个划分创新研究的分类方法，是从创新的驱动主体上进行的，如将创新划分为国家创新、组织(企业)创新和个体创新。

(1)国家层面的创新：国家层面的创新是指以国家为驱动主体的创新。主要是以创新政策为导向，营造全社会的创新环境、塑造全员创新氛围的创新活动。如中国共产党第十七次代表大会的报告指出的那样："把增强自主创新能力贯彻到现代化建设的各个方面。加快建设国家创新体系、支持基础研究、前沿技术研究、社会公益性技术研究。深化科技管理体制改革、优化科技资源配置、完善鼓励技术创新和科技成果产业化的法律保障，培育造就世界一流的科学家和科技领军人才。随后，李克强总理提出"大众创业，万众创新"理念。在这些创新的政策与理念引导下，我国各行各业迅速掀起了创新的高潮，不断推动我国的科技、经济等方方面面工作的前进。

(2)组织(企业)层面的创新：组织(企业)层面的创新，就是指约瑟夫·熊彼特提出的创新的概念。企业是社会经济的最小经济单位，企业的不断的创新活动，提升企业的创新绩效，从而更好的推动整个社会的进步与发展。

(3)个体层面的创新：个体层面的创新是指以个体为驱动主体的创新活动。就是管理学领域中被广泛关注的员工创新行为、员工的创造力等活动。个体是构成社会的最小单位，个体的创新是企业创新的微观基础。

就这三个层面创新驱动主体的关系上看，我们认为个体层面的创新是最基础的创新，从某种程度上来说，只有高创新性、极具创造力的个体，企业层面的创新才是有源之水，有本之木。当企业组织层面的创新活动取得了良好效果时，整个社会、整个国家的创新水平也就水到渠成。而反过来，如果没有国家层面正确的创新驱动政策的保驾护航，就没有企业层面创新的主动性与积极性，也没有个体层面创新的"奋勇争先"。

任何层面的创新，都是一项复杂的系统工程，纵观国内外创新成功与失败的案例，我们可以发现创新活动取得成功的原因有很多，失败的原因也有很多。但这么多成功与失败的案例都给研究者一个明确的启示，无论创新是国家层面的、企业层面或者是个体层面的，无论创新是全面的根本性的变革，还是渐进性、局部的改良，领导者这一组织中的角色都是发挥着决定性的作用。尤其是群体中的创新活动，如果没有领导者始终领导、参与、推动、保护这一创新活动，并且在创新活动中起到关键作用，那创新一定不会取得预期成果，反之亦然。例如如果没有以习近平总书记为首的党中央的高瞻远瞩，创新就不会被列为国家战略，不会为全社会的创新活动创设良好的情境。如果没有乔布斯的卓越眼光，以创新为主要特征的苹果公司将不会被消费者认识。

领导在创新活动中的角色及作用除了个体层面的创新活动外，在创新活动中也需要有不同的人物承担不同的角色，以保证创新活动成功。这些角色有：创意产生者、创新倡导者、创新项目领导者、信息守门人、创新保护者等五种。创意产生者是指对生活与工作有着深入观察的，并且擅长于概念化和思维创新，能够从一个普通现象中抽取出特殊知识，并能结合科技的发展趋势，提出与常人不一般的构想与创新的个体。这类人可能是组织的领导者，也可能是普通的员工。创新倡导者是指组织上那些将创新视作组织重要职责的个体，一般来说在组织中处于领导的地位，他们一般比较认可创新的意义和作用，意识到创新对组织发展的重要影响，因此他们更容易在组织中呼吁进行创新活动，并能身体力行地进行创新或者倡导创新活动。创新项目领导者是创新项目负责人，他们具备较高的管理水平与管理技能，能够对创新项目的全过程进行管理，能够有效的保证创新项目活动的顺利开展，同时，这类人也往往具备较强的创新能力和经验,在创新项目过程中,能够有效解决创新过程中遇到的问题与困难。信息守门人是指在组织中对创新活动进行传播与沟通的那部分个体,他们具有较强的人际网络,对创新活动所处的内外在环境有较深刻的认识,能够提供有效的创新信息给创新人员,使他们不断修正自己的创新活动。创新保护者指在组织中拥有一定的权力和地位的个体,他们虽然并不一定直接进行创新活动,但是他们对创新活动抱有很高的热情,当创新活动遇到困难时,他们会运用自己在组织中的权力和地位,帮助创新活动配置资源解决困难,并在组织中树立一种倡导创新活动、保护创新人才的氛围,从而使创新活动能够顺利的开展。

在以上角色中,我们可以发现,领导者可能是这五种角色中的任一种。而更为重要的是,作为创新的倡导者,在创新活动开始之初,需要领导者在组织内进行有效的倡导,协调组织内的资源与政策,是创新活动开展的关键人物,如果领导不支持创新活动,那么该活动取得预期效果的可能性是极低的。在现实的企业实践中,领导者常常作为项目的领导者而存在,具体表现形式为领导小组的组长之类的职位,领导者本身丰富的管理知识和高超的管理技能,能为创新项目的开展提供良好的管理条件,同时,在"学而优则仕"占主导思想的中国文化的组织中,领导者往往在成为领导之前,都是某一个领域的专家型人才,这样除了对项目进行管理之外,领导者也可以帮助创新项目的成员解决实际的创新困难或问题。领导者是创新活动信息守门人的不二人选,信息守门人具有对信息的高度敏感性与广泛的外部人际关系,通过多方面的信息渠道来源,经常能拥有许多第一手的信息,而领导者是这些资源的天然拥有者。创新活动会遇到各种各样的困难,包括创新活动的技术性失败、组织内对创新活动的不同态度,都需要领导者勇于、敢于、善于承担创新保护者这一角色,使组织的成员能够全身心地投入到创新活动中去。而更为重要的是,因为他们在组织中的地位与影响力,也只有组织的领导者才能承担保护者的角色。

具体而言,领导者在创新中的作用表现在以下几个方面:

(1)建立创新的共同愿景及创新的共同价值观。这是领导者在创新工作中的首要作用。因为从心理学的角度上来说,行为的改变首先来自思想的改变。对一个企业或者国家来说,领导者的观念创新程度决定了这个企业或者国家创新的高度。因此,领导者在创新活动的首要作用就是在团队或者企业中建立创新的共同愿景与认可接受创新活动的价值观。创新的共同愿景就是指在组织中的成员普遍接受、认可或持有的意向，使每一个成员都接受和认可创新活动，并且努力实践创新活动的心理氛围。而树立创新的共同价值观是指企业的价值判断，也即在这个组织中，什么是有价值的，什么是没有价值的？如果在企业中可以树立创新的价值观这一理念，那么在企业中判断某一项工作、某一项行为的标尺就是看该项工作是否是创新或者是否是追求创新。如华为公司的核心价值观是创新，其他方面的价值观都是围绕创新展开的。创新的共同愿景与价值观是组织文化中的重要内容，当创新被看作是组织文化中一个重要的特征，它将成为所有成员共同的可接受的行为指南，并能促使企业的资源向创新活动集中。

（2）建立学习型组织，为创新活动的开展提供组织保证。一个具有创新性的组织首先应该是一个学习型组织，学则变，变则新。创新可能是一个持久的过程，需要创新的主体能够潜心超越自我，不断学习，不断累积创新所需要的知识和经验。创新需要改善旧有的心智模式，改变以往思考与看待世界的方式，尝试着从新的角度、新的高度去看待所研究的问题。领导者可以为创新主体的学习与自我超越及心智模式的转换提供良好的外部环境，如提供积极有效的培训，以提升创新者的能力。同时，领导者应该推动团队学习，使个体在团队中成长、在团队中学习、在团队中奉献，将个人的知识转化为团队共享的知识，帮助团队成员不断提升其水平，从而促进创新活动的产生。在组织中倡导系统性思考，领导者应在组织中努力倡导系统性思考，打破部门的界限，从而促进部门与部门的交流，以提高创新活动的效果。

（3）建立保护、激励创新人才的制度。风险性是创新最基本的特征之一，在进行创新性活动时，领导者要对那些有创新性思维的人才进行有力的保护，使他们能够放心地去进行创新活动，而不用担心创新失败带来的人际风险、经济风险及发展风险，从而提升创新活动的绩效。而对创新人才的激励，采取物质与精神激励相结合的方式，最大限度地激发个体的创新积极性，提高创新活动的参与性及形成成果的可能性。

第二节 研究的内容和方法

　　除了第一节开篇所列举的安然及绿大地的事件外,近期的大众汽车的"排放门"、欣泰电气的上市发行欺诈等一系列企业经营道德事件,再次让研究者意识到企业的领导者的素质及领导者的道德素质对企业发展的影响的重要性,而这些在以前的研究中却被忽视了。随着近些年商业道德丑闻的频频曝光,企业领导者在引导企业道德行为方面所扮演的角色逐渐突显出来。要想让企业利益、经济效益与社会伦理价值观平衡,企业领导者必须具有高度的道德社会责任感,需要付诸更多的努力,以使企业员工认可他们的战略思想及管理决策。只有当员工认可领导的决策,组织内部才有可能形成一股合力,使整个组织迅速发展壮大。在整个过程中,需要赢得大多数员工信任,只有具备高尚道德情操的道德领导,才可以发挥如此至关重要的作用。

　　伦理型领导包含两方面含义,即领导者首先要做一个有道德的人:他们讲究公正、讲求原则,关心他人与社会的利益,并在生活中依照道德规则行事;同时,伦理型领导还是一个有道德的管理者:他们在与下属交流时,传达伦理及价值观的相关信息,树立道德行事的榜样,利用奖惩系统来管理下属的伦理行为,来影响下属及员工的道德行为,而且能够采取和执行合乎伦理的决策。综上所述,道德领导不仅包含了领导者的个性、利他行为等品质,还包含了领导者对组织伦理道德的管理,即领导者在领导过程中需明确展现道德行为,并通过设立榜样及奖惩系统来引导和促使组织成员做出道德反应。

　　从理论研究上,伦理型领导强调领导特征中道德的一面,丰富了领导特质理论,同时,道德领导同变革型领导等对员工组织行为具有重要影响,对道德领导及其前因、结果变量进行研究可以丰富组织行为理论的发展,更加清晰地理解员工行为的发生机制。

　　从时代需要上,伦理型领导是促进社会变革、解放社会生产力的关键因素,也是社会发展所需要的稀缺资源。如何使组织的领导都成为道德领导,成为社会进步的促进力量,而非社会发展的破坏性力量,显得意义重大。领导者个人道德魅力的文化建设历来是我国社会文明建设的重中之重。从个人修身养性到官场庙堂选材，无一不体现了这一点。从传统文化视角出发，一个人所信奉的价值观根植于其所在社会的文化传统与现阶段的政治经济状况。当道德领导表现出来的行为贴近传统文化与当前社会现实，并与下属所信奉的价值观和心中的领导期望相吻合，那么自然会获得下属的认同与接受，并对其态度与行为产生影响。目前，我国正处于经济转型的关键时期，更加需要培养出一批道德高尚的企业领导人。

在社会、组织、以及团队的发展中，领导起着十分关键的作用。心理学、管理学、政治学、社会学的学者们也十分关注对领导的研究。从当前对领导研究的现状来看，一部分学者支持准则式的研究途径，赞同存在全球化的领导作风。他们认为研究中发现的领导现象与理论是不受地域、国家与文化的影响的，即放之四海而皆准。而另一部分的研究者则支持特则式的研究途径，指出了文化因素、国家因素以及地域因素在领导研究中的作用，强调了领导研究中是存在文化差异的。因此实践界的提高领导者的道德素质，从而促使企业健康平稳的发展的呼声越来越强烈，理论界的研究者们注意到了此现象，于是投入了大量的精力来研究领导者的道德素质对企业及员工发展的影响方面。在特则式的研究途径下，我们将道德领导因东西方文化的不同而区分为德行领导与伦理型领导两类。西方的理论界，伦理型领导这个研究概念就应运而生，而且得到了越来越多研究者的重视。而在东方文化下，从家长式领导概念中发展起来的德行领导力也愈发显示出其生命力。

随着经济全球化的进一步深入，知识化和创新化在全球技术、经济、文化、社会等各个领域不断渗透，这在给企业带来发展机遇的同时，也使其面临着巨大的威胁和挑战。特别是近期中国经济面临较大的下行压力，除了中国经济正处于结构调整期，产业结构调整和产业转型也在不断升级，内需有所放缓之外，外需减弱的影响不容忽视，中国外贸出口增速由入世之初十年年均增长 20% 以上放缓至近年的个位数，今年甚至出现了负增长。中国经济增速正从 10% 左右的高速增长转向 7% 左右的中高速增长，经济已经步入新常态时期：传统产业相对饱和，传统人口红利在逐步减少，资源、环境制约越来越明显，要素的边际供给增量已难以支撑传统的经济高速发展模式，这些因素都对企业的发展提出了新的挑战。

组织要想获得和保持持续的竞争优势,就必须最大程度地利用员工的智慧来进行组织变革和创新。员工创造力是企业活力的灵魂,它决定企业的兴衰。相当多研究表明,员工的创造力可以充分地促进组织创新、提高企业的效率和生存能力。创造力观念的存在还能增加员工将他们的观念运用到工作中的可能性,进一步发展这些创新的点子,并传给组织中的其他人,让他人利用这些创意进行创新和发展,同时,创新观念的运用和发展使组织能适应不断变化的市场环境,抓住机会。总而言之,在这样的发展背景下,需要企业和组织主动采取措施,使自身更加具有创造力和创新性(Jung,Chow,Wu,2003)。因此,如何最大限度地激发和提升员工的创造力已经成为值得管理者深思的重大问题。

如前所述,创新(包括创造力、创新绩效等)是组织关注的另一个重点。创新行为是一个多阶段不连续的行为过程。个体在这个过程中会产生创新的想法,并将其在组织推广,最终作为方案应用于组织(Scott,Bruce,1994),并带来组织创新绩效提升。然而当前的研究并未深入地探讨领导的道德特质对创新行为的作用机制。

以伦理型领导为例。伦理型领导是指领导者在组织管理过程中,展现高标准的伦理行为,并通过组织中的沟通强化机制和决策制定来激发下属同类行为的领导(Brown,Treviño,Harrison,2005)。研究结果表明,伦理型领导对下属的积极工作结果与工作行为具有正向促进作用(Kalshoven,Den Hartog,De Hoogh,2011),而对组织中的不道德行为及人际冲突等消极现象具有抑制作用(Mayer,Aquino,Greenbaum,Kuenzi,2012)。

伦理型领导同时具备了交易型与变革型领导的特征(Kalshoven,Den Hartog,De Hoogh,2011),包括体谅和尊重他人、公平、品性、集体导向及开放和灵活等(Resick,Martin,Keating,Dickson Kwan,Peng,2011)。伦理型领导之所以在当前的理论研究与管理实践中受到高度重视,是因为它对于组织实现持续、健康发展而言至关重要(莫申江,王重鸣,2010)。这是伦理型领导在当前研究中被重视的实践基础。

在伦理型领导概念提出的最初,主要局限于针对组织的伦理氛围、员工的伦理行为的作用机制。但在 Brown,Treviño,Harrison(2005)提出伦理型领导的理论框架后,越来越多的研究者开始关注伦理型领导对组织及员工其他方面的影响机制。这是因为组织中的领导一直被认为是影响员工创造力重要的组织环境因素，其通过多种方式对员工的创造力施加影响（Zhang，Bartol，2010）。作为一种新型的、顺应时代要求的领导类型，伦理型领导对员工的创造力会产生何种影响？这是研究者感兴趣的问题，也是本书的研究初衷之一。

同样，我们对近 10 年（2003—2013 年）国内外期刊中（英文为 SSCI 源期刊，中文为 2013 年版 CSSCI 源期刊），关于伦理型领导与员工创造力（创新行为或创新绩效）的研究文献进行了检索。结果如表 1-2 所示。

表 1-2　研究文献数目

年份	创造力	创新行为	创新绩效	合计
2010	1	0	0	1
2013	1	2	1	4
合计	2	2	1	5

注：全为英文文献，无中文文献。未检索到 2010 年前伦理型领导与创造相关主题的文献。缺的年份表明，该年无相关文献。

从表 1-2 可以看出，在理论研究方面，伦理型领导与员工创造力相关的话题是一个较新的、有待开发的领域。从我们搜索的中国知网数据库来看，目前还没有中国学者关注此两者关系的研究。而从英文文献的统计结果来看，伦理型领导与员工创造力相关的议题，在 2013 年逐渐成为研究的热点之一。因此，基于中国文化背景，探讨伦理型领导与员工创造力的关系，是本书的研究初衷之一。

综上，根据伦理型领导与员工创造力相关主题的研究现状，伦理型领导效用机制研究的现实意义，及本文的研究初衷，我们选择了领导的道德特质作为本研究的切入点。

一、本书的研究内容

全书总共七章。这七章可以大体分为三个篇章。第一篇为理论篇，包含导论及伦理型领导概念结构及其效用两章。第二篇为中国企业中伦理型领导与员工创新关系的实证研究。共分三章，分别为：伦理型领导通过心理安全感对员工创造力的影响机制；伦理型领导、创造力自我效能感及员工创造力；伦理型领导、组织公平与员工创新行为的关系研究。第三篇为总结与展望篇。包含第六章与第七章。第六章主要综合第二篇实证研究，对领导者的道德特质对员工创新影响的结论进行深入剖析，希望从理论高度进行实证研究的归纳与总结。第七章从现实的企业管理实践视角出发，提出具体的管理建议，以推动我国企业组织领导者道德特质的建议及提高员工的创新水平。各章主要内容介绍如下：

第一章主要从安然及绿大地公司的案例着手，分析在进入新世纪后，企业组织的领导者对企业的影响，引出对企业领导者的道德特质关注的现实基础。从而引出目前在理论界基于不同的文化背景分别有两种类型的道德特质。一个是植根于西方文化背景下的伦理型领导概念，一个是起源于东方儒家文化的德行领导。并指出领导者的定义、职责及影响力的种类，为后续的研究打下良好的理论基础。第一章的第二节简要介绍本书的研究框架与研究方法。

第二章主要围绕伦理型领导的概念、结构及效用展开文献综述，为后续的研究打下良好的理论基础。伦理型领导根植于西方文化背景，目前是学术界对领导道德特质进行研究的主要概念，从 2010 年左右开始，大量的伦理型领导的研究结果见诸于各主要管理学研究杂志。研究者对伦理型领导的概念及其结构提出了多种观点，并对其在企业组织中的效用机制进行了大量的实证研究。虽然本书的主要研究内容是探讨在西方文化背景下生发出来的伦理型领导对员工创造力的影响问题，但德性领导是从东亚文化圈中生发起来的一个本土化概念，主要源自家长式领导中的一个维度。在早期，大多数学者并未将其看作一种独立的领导概念，但在伦理型领导的研究概念引起大家关注后，越来越多的学者也将目光投向了德性领导这一本土概念，但相对伦理型领导概念的研究，德性领导的研究还处在起步阶段，目前也局限于东亚文化圈中，因此对伦理型领导的概念、结构及效用进行梳理，有利于推动德性领导进一步的研究。也可以作为一个补充内容，以加深读者对伦理型领导概念的认识。

第三章内容主要为探讨伦理型领导通过加深企业组织中员工的心理安全感进而影响创造力的实证研究。因为创新具有风险性，因此，员工创新创造的前提之一就是要有比较高的心理安全感，否则员工在面临创新情境时，会选择不创新以确保安全。伦理型领导是如何影响员工的心理安全感从而促使员工创新的？创造力的研究具有悠久的心理学传统，但组织情境中的员工创造力则是一个较新的研究领域（周浩，龙立荣，2011）。领导一直被认为是影响员工创造力重要的组织环境因素，其通过多种方式对员工的创造力直接施加影响（Zhang，Bartol，2010）。但Carmeli，Reter-Palmon，Ziv（2010）指出，先前关于领导与员工创造力的研究，大多局限于领导因素对员工创造力的直接作用，而领导对员工创造力的影响应该是一个复杂的过程，因此对领导与员工创造力关系间的中介及调节机制的研究需要引起关注。为回答这一问题，本章主要基于认知评价理论，以上下级配对的328组员工为样本，探讨了伦理型领导与员工创造力的关系，及心理安全感上下级关系在这一关系中的作用。得出的结论如下：伦理型领导与员工心理安全感正相关；上下级关系与伦理型领导的交互作用，强化了员工的心理安全感；心理安全感中介了伦理型领导与上下级关系的交互作用对员工创造力的影响；上下级关系调节了心理安全感对伦理型领导与创造力关系间的中介作用。除了一般的研究结论之外，研究也发现即使以公正号称的伦理型领导，在中国这一特定文化土壤上，也有和员工建立比较密切的私人关系以提高其管理效能的情况发生。

第四章主要关注伦理型领导通过影响员工的创造力自我效能感进而影响员工的创造力这一问题。领导在组织中的地位决定了其对组织与员工具有重要的影响。但何种类型的领导行为会有助于提升员工创造力，目前仍处于探索阶段（Zhang，Bartol，2010；魏峰，袁欣，邸杨，2009）。其中伦理型领导因为兼具了多种领导类型的特征，同时又响应了时代的要求，因此成为近年来颇受关注的研究概念。那么中国组织情景下的伦理型领导对员工创造力水平的激发过程起到何种影响？这种影响在不同的绩效水平情境下是否会显示出不同的作用规律？最后，个体在参与创造性活动的过程中需要一种内在的、持续的动力来鼓舞自己，创造力自我效能感恰好为面临挑战的个体树立了一种自我肯定的强有力的信念（洪雁，王端旭，2011；王永跃，叶佳佳，2015）。那么伦理型领导与绩效的交互效应是否以员工的创造力自我效能感为中介作为传导机制？基于社会认知理论，通过对308名员工进行配对样本的问卷调查，研究伦理型领导对员工创造力的影响机制，即这一机制中创造力自我效能感的中介作用与员工绩效的调节作用。获得如下结论：伦理型领导与员工创造力自我效能感正相关;员工绩效水平与伦理型领导的交互作用,强化了创造力自我效能感;创造力自我效能感增强了伦理型领导与绩效的交互作用对员工创造力的影响;绩效水平调节了创造力自我效能感对伦理型领导与创造力的中介作用,即绩效水平越高,创造力自我效能感在伦理型领导与创造力之间关系的中介作用越强。

第五章主要围绕伦理型领导通过组织公平影响员工创新行为的机制问题。许多管理学者认为,领导的一个重要职责就是促进员工创新行为的产生,并最终获得持续的组织竞争优势和组织成功(Shalley,Zhou,Oldham,2004;Zhang,Bartol,2010)。最近,越来越多的研究者开始关注领导风格对员工创新行为的影响,例如变革型领导、授权型领导和包容性领导(Pieterse,Knippenberg,Schippers,2010;Zhang,Bartol,2010;Carmeli,Reiter-Palmon,Ziv,2010)对员工创新行为的影响。从相关理论的研究主线来看,目前学者主要是从心理状态因素,例如内在动机(Shin,Zhou,2003)和心理安全感(Edmondson,1999),解释领导行为与员工创新行为之间的作用机制。但随后的研究发现,这些因素的作用并不稳健(Grant,Berry,2011),学者呼唤更加全面的理论视角和实证研究(Shalley,Zhou,Oldham,2004)。在员工创新行为作用机理研究中,员工是否有进行创新的意愿一直被认为是一个重要的研究线索。而根据社会交换理论,互动公平作为一个员工心理内部对组织的感知,反映了员工能否做出有利于组织的行为意愿,而该行为能否转为创新行为取决于员工互动公平感知的强弱。而互动公平如何作为一个中介机制对伦理型领导和员工的创新行为的关系产生影响的呢? 基于此,本研究以社会交换理论为理论背景,通过分析由问卷调查获得的 336 名员工及其直接主管的配对数据,试图探讨在中国情境下伦理型领导、互动公平和员工创新行为之间的密切关系,进一步检验互动公平的中介作用。结果发现:伦理型领导与员工创新行为之间有显著的正相关关系;伦理型领导和互动公平具有显著的正相关关系;互动公平与员工的创新行为也具有显著的正向关系;互动公平在伦理型领导与员工创新行为之间具有部分中介作用。

第六章主要围绕第三、四及第五章的实证研究,对研究所获得的结果进行讨论。本章主要运用社会认知评价理论、资源保存理论及社会学习理论等,对实证研究的结果进行深入的讨论,以期望得出一般性的领导道德特质对员工创造力、创新行为及创新绩效的影响。研究认为，领导者通过道德的人及道德的管理者的榜样示范作用，使员工的心理安全感得到有效提升，从而当面对复杂多变的创新情境时，员工敢于创新；同时，领导者高尚的道德品质能给员工提供提高创新自我效能感的启迪，使员工在面临创新情境时，员工愿意进行创新。通过员工的创新性工作，能提升员工的创新绩效。因为员工创新是组织创新的微观基础，当员工的创新行为水平比较高时，其个人的创新绩效也会比较高，最终的结果就是组织在面临越来越激烈复杂的外部竞争环境时，通过激发员工的创新，提升了组织的创新绩效，进而大大地提升了组织的竞争力，使组织立于不败之地。

第七章是管理建议与研究展望部分。通过全书的研究，从企业、领导者及员工各个层次，从外在环境及内在心理过程不同的角度，以针对性和实用性为基本准则，提出中国的企业中领导的道德特质如何提升员工的创新水平的具体建议和意见。另外，在这一章最后，我们对本书的实证研究部分的不足进行了讨论，并根据我们的研究，提出了对未来研究的一些展望，供后续的研究者进行参考。

二、研究方法

本书的主要研究内容是期望通过实证研究，探究企业组织中领导者的道德特质对员工创新行为、创造力及创新绩效的影响机制。因此在研究过程中严格按照实证研究的规范进行。主要采用理论分析与实证验证相结合的方式，采用了文献回顾、问卷调查及数据统计的方法，以实现本研究的预期目标。

（1）文献回顾法。文献回顾法是指对已有的相关研究文献进行系统性的回顾，掌握当前的研究现状及存在的问题，为本研究的后续展开打下良好的文献基础。在建立本书的研究主题之后，利用图书馆数据库资源和实体的期刊杂志，广泛查阅国内外文献资料，了解相关理论的前沿和进展情况，对伦理型领导及员工的创新行为、创造力的概念及已有研究现状，从而提出本研究的研究设想，使本研究立足于前人研究的基础之上，具备了一定的理论高度与时代性。

（2）问卷调查法。问卷调查法是组织行为学领域研究中最常用的实证研究方法。通过问卷的发放与回收，量化的建立研究变量之间的内在逻辑关系，并揭示变量之间在不同情境下的变化趋势，以更好地发现研究主题之间的关系。在确定研究主题后，我们收集了研究概念的具有良好信效度的问卷，对外文的问卷我们采用了互译法，以确保问卷的翻译准确到位。在正式发放之前我们进行了预发放，以确保正式问卷的信效度。为后续的数据分析打下了良好的基础。同时，采用一系列的方法降低问卷调查法中常见的社会称许问题，如采用匿名等，以保证数据的质量。

数据收集采取异源评价的方法。伦理型领导、组织公平等变量是由下属评价，而创新力、创新行为、创新绩效由领导评价。因此发放问卷时采用配对问卷，部分由领导评价，部分为下属评价。问卷发放过程如下：

每个领导都会拿到的大信封中共有六只小信封，有 A、B、C、D、E 五份"下属问卷"，由您的直接下属填写；还有一份"领导问卷"，由您本人填写。请您将五只下属问卷小信封发放给您的直接下属（若直接下属不足 5 人，则按实际人数填写；直接下属超过 5 人，随机选取 5 人），并在"领导问卷"的信封上填写领取相应编号信封员工的姓名。在您填写问卷时，请您一定对领取了相应编号信封的员工进行评价。

下面是一个配对问卷发放过程的样例：

假如王领导直接下属有 8 人，则随机选择 5 人，他们可能分别是小李、小郑、小叶、小马、小张，问卷填写步骤如下：

（1）王领导先在领导问卷封面填写这五位员工的姓名（小李、小郑、小叶、小马、小张），然后按照王领导在领导问卷信封上编号与姓名对应关系发放下属问卷，按照顺序分别将下属问卷 A 发给小李，下属问卷 B 发给小郑，下属问卷 C 发给小叶，下属问卷 D 发给小马，下属问卷 E 发给小张。并告知他们（问卷有正反两面，认真填写好装入信封并撕开双面胶粘好，然后交给问卷回收的工作人员）。

（2）王领导的领导问卷中有五份相同的问卷，分别对小李、小郑、小叶、小马、小张进行评价。每份问卷的说明下方都有以下信息需要填写，以确保问卷的完整。如果王领导针对小马进行评价，那么应该在（您所评价的下属姓名）填写"小马"，按照领导问卷信封上的对应关系，（下属领取的信封编号）应该填写"D"。

（3）王领导在对小李、小郑、小叶、小马、小张进行评价后，填写一份研究所需要的人口统计学变量，将这六份装入领导问卷信封，然后把信封口的双面胶撕开粘好，并交给问卷回收的工作人员。

（4）问卷回收的工作人员收到已经填写好的五份下属问卷和一份领导问卷后，将这六只小信封装入大信封中，并撕开大信封口的双面胶黏好，然后返还给研究人员。

温馨提示：（1）只有当王领导对小李进行评价，而且小李进行自评，这两份问卷才有效。如果王领导没有对小李进行评价，或者小李没有进行自评，那么就不能得到一份完整的调查结果。因此需要领导与下属共同协作完成这次研究调查。（2）如果直接下属人数不足5人，假使只有3人时，则3名下属填写下属问卷A/B/C，领导对这3名员工进行评价。然后将三只已填写和二只未填写的下属问卷小信封及一只领导问卷小信封装入大信封后粘好。

（3）数据统计分析法。回收的数据全部输入SPSS中，运用SPSS软件对数据进行基本的描述性统计、问卷的信度检验、各变量的相关分析及研究假设的验证等。利用Amos软件对数据的结构效度进行分析。科学的软件与严谨的数据处理流程保证了数据处理的质量，提高了研究结果的可靠性与可信度。

1）信度分析

通过对各个测量量表及其维度的信度检验，分析其测量量表的可靠性，确保各问卷中的测量题目之间具有较高的内部一致性。

2）效度分析

利用AMOS7.0对数据进行结构效度和区分效度检验，验证各测量量表内部的效度，以及整个研究框架的有效性。

3）描述性统计分析

对研究变量的均值、标准差、频次以及频率等进行统计，并分析变量两两之间的相关性程度。

4）回归分析

本研究将采用逐步进入法对伦理型领导、德行领导、创造力、创新行为的关系进行回归分析；并通过乘积项来检验调节作用。

第二章 伦理型领导研究综述

[本章导读]

本章主要围绕伦理型领导的概念、结构及效用展开文献综述，为后续的研究打下良好的理论基础。虽然本书的主要研究内容是探讨从西方文化背景下生发出来的伦理型领导对员工创造力的影响问题，但德性领导是从东亚文化圈中生发起来的一个本土化概念，主要源自家长式领导中的一个维度，相对伦理型领导概念的研究，德性领导的研究还处在起步阶段，目前也局限于东亚文化圈中，因此对伦理型领导的概念、结构及效用进行梳理，有利于推动德性领导进一步的研究。也可以作为一个补充内容，以加深读者对伦理型领导概念的认识。

经济全球化加剧了组织生存的外部环境的不确定性，而为了影响这种越来越大的不确定性，组织必然要通过一系列深刻变革，建立起对外界环境相适应的组织内容结构体系。这不稳定的外部竞争环境及内部的持续变革给组织的成员带来的压力也越来越大。其中就包括了为了应对外界的竞争而采用各种应对措施时的伦理道德方面的压力。从本书的第一章案例中我们可以看出，不管是东方还是西方，为了片面追求利益最大化，组织会铤而走险，做出种种违背社会伦理及企业伦理的行为来，对社会造成巨大的负面影响。

改革开放 30 多年以来，中国社会经济迅猛发展取得的成就举世瞩目，已经成为世界第二大经济体。但是，恰恰在这个经济飞速发展的进程中，出现了一连串的诚信危机问题，人们长期被压抑的欲望和激情被空前释放出来，过快的经济转型也导致社会意识领域缺乏正确的思想引导，人们的思维方式存在一定的片面性。因此，在社会各个层面出现诸多不良现象，如虚假广告盛行，制售假冒他人商标、包装的商品和伪劣产品；盲目追求利润,损害职工的健康;财务欺诈、偷税漏税、商业贿赂;肆意排放"三废",严重污染环境等等。这些事件虽然是个别、局部的,但引发了整个中国的社会诚信危机,社会道德体系受到严峻的挑战。而在西方社会,美国"两房"公司的破产倒闭引起的国际金融危机的全面爆发及"安然事件"等知名企业伦理丑闻的曝光,也体现出在经济全球化下企业的伦理困境。

从理论的角度来看,企业组织存在的目的是追求利润的最大化。追求利益本无对错之分,但关键在于它追求的过程是依法图利还是唯利是图,追求利润的路径选择深刻地反映了企业的伦理道德选择。企业组织的伦理道德选择实质是为了在企业利益与社会利益、所有者利益与劳动者利益、企业利益与利益相关者利益之间寻找相对平衡。即企业在满足自身利益最大化的基础上,同时保障社会利益;在老板赚到钱的时候,如何使企业的员工身心健康得到保障并且与企业共同成长。这一利益平衡的准则,决定了企业伦理道德的立场与看法,也决定着企业伦理道德的水平,关系到企业是否能生存同时获得良好有序健康发展。越来越多的案例表明,当一个企业能正确处理所遇到的道德困难时,不但不会给企业的利益带来大的损失,反而会成为企业形象的精美装饰,大大提高该组织在公众心目中的形象,为企业后续的发展创造了良好的外部环境。强生公司面对混入剧毒砷的泰诺药片的道德危机,采取了果断而彻底的召回行动,后又免费为消费者换药,赢得了消费者的极大好评,提升了企业的信誉,这就是最典型的例子。

进入21世纪后,我国法律体系越来越健全,企业如果不能正确处理道德问题,那么可能会带来"灭顶之灾"。例如采用投机取巧,以次充好,这种企业在法制不健全的情况下还会生存,而随着法律制度的健全,这种过去在很长一段时间内可以获利的企业,将会越来越难以生存。尤其现在我国已经建立了市场经济体系,在加入WTO之后,要参与全球的产业链,就应该遵守一定的法律"游戏规划",越来越要求企业在经营的过程中严格遵循相应的法律制度。因为"法律是最低的道德",在国家的法律体系越来越完善的情况下,每一个企业公民必须要认清和遵守这种道德。在这样的情境下,如果一个企业继续不重视其基本的企业道德准则,在企业的日常经营过程中忽视企业道德,该企业就很可能无法面对越来越激烈的市场竞争。在过去法制不健全的情境下,很多企业不精益求精地进行生产，以次充好造成的产品质量问题；利用信息不对称欺骗社会和消费者的问题；在经营过程中的商业欺诈、不正当竞争造成的问题，在当今时代绝不能抱侥幸心理，因为其带来的后果不单单是质量损失、经济损失和商誉损失，很可能是巨额索赔造成的毁灭性打击。在环境保护的法律及意识深入人心的今天，企业在经营过程中，藐视国家法律、不重视企业与自然环境的和谐发展，对环境造成严重的损害，甚至影响到员工及社区人民群众的身体健康，不重视企业经营的环境道德，会使企业寸步难行。而对劳工的人权的保护是参与全球范围竞争的硬标准，按国际惯例，对存在侵犯人权、危害公共利益情况的企业，审查不能通过，违纪违规生产的产品，国际商家不会接受，从而使企业失去参与全球经济发展浪潮所带来的红利，被自己的员工抛弃，最终也被社会抛弃。

与我国的法律体系越来越健全相适应，我国民众的法律意识、维权意识的水平也越来越高。过去那种靠"小聪明"、通过一些不道德手段来欺骗民众的方法，也逐渐被民众识破。法律体系的健全，也给民众在遭受道德欺骗之后的维权提供了更为丰富和多样的手段。当一个企业的经营不道德时，民众的维权可能会使企业遭受重大损失甚至破产倒闭。南京市冠生园食品厂利用过期的馅料制作月饼的事情被曝光之后，受到了消费者的抵制，从而使企业的经营陷入了困境，这就是最为鲜活的例子。另外，我国对企业经营道德的舆论监督的力量和方式也有了重要的进步与发展。在 21 世纪的今日中国，各种新闻媒体的发达程度已经今非昔比，移动通讯技术与互联网的普及，完全超越了电视、报纸和广播，完全改变了人们信息传播的主要方式与效果，拉近了人与人之间的时空距离，并为人们提供了海量的信息，改变了原来的信息严重不对称的情况，基本上堵住了部分企业利用信息不对称对消费者进行欺骗的可能性。因为移动通讯与互联网传播速度快、覆盖广的特性，企业的道德问题将不再是面临个体而是整个社会公众，甚至是进行放大后被公众认识和评判，这就要求企业对其道德问题进行更审慎的处理。

因此，与过去的注重产品与价格等因素不一样，21 世纪的企业首先应该注重其道德水准的建设，建立起企业自己的道德规则与准则，以指导企业的经营管理。这不但是企业健康发展的需要，也是企业建立"百年老店"的基石。

我国目前处于经济转型期,国家大力倡导"供给侧改革",很多企业的道德观仍然远远落后于时代的需要,在改革开放初期依靠粗制滥造、制假等发展起来的企业,他们的价值观并未得到根本性的扭转和改变。但让我们欣慰的是,已经有越来越多的企业注重起企业的道德问题来,并通过对员工道德水平的关注和建设,期望通过建立一支高道德水准的员工队伍,提升企业的整体道德水准,从而更好地参与到全球的企业竞争中去,以获得持续的竞争优势。而在员工队伍中,众所周知,领导者在制定组织规范、做出决策、影响下属达成组织目标等活动中,不可避免地会涉及到伦理道德问题,在企业道德建设方面起着举足轻重的作用,得到了越来越多的关注。

如第一章所述,领导是居于组织中领导地位的人,带领组织成员实现组织目标的过程。这个概念可以从以下三点去解读:(1)领导的过程是依靠领导者自身的法定影响力与非法定影响力来实现的;(2)领导活动是在一定组织中的活动,既然是组织,那么一定有成员;(3)领导与组织目标的关联度非常高,或者说领导的目标就是组织的目标。我们认为,因为领导者在组织中的特殊地位和影响力,组织成员对其的道德期望可能不同于对其他人的期望,领导通过其行为向组织成员传递出丰富的信息,落实在道德方面,领导者的价值观、信念和行为影响着组织的伦理气氛并且包括了组织内外的看法,因此,伦理道德问题是领导在进行各项活动方面时需要思考的重要问题。根据社会学习理论,组织中的领导者为其他人做出了道德示范,成为整个群体或组织的模仿对象,从而促进了组织成员道德水平的提高。这就要求组织中的领导者应当具备正确、有力的道德观念,并在日常的工作过程中表现出来,成为组织成员的学习榜样,使领导者关于正确行为的原则或道德价值观体系成为员工普遍共同遵守的原则和行为准则。

领导是领导者为实现组织目标而运用权力对群体或个体施加影响的行为过程,是影响个体心理与行为重要的情景因素(魏峰,袁欣,邸杨,2009)。Ciulla(1995)认为道德规范的核心问题体现在领导力上,一个出色的领导者不仅仅体现在领导有效层面,同时领导必须是合乎伦理的。虽然领导的内在修养与道德规范等对于领导力的重要性已经得到众多学者与管理者的广泛注意,但针对领导力的道德问题的系统研究少之甚少。

放眼国外,西方国家不断出现商业丑闻,使人们开始思考领导者对员工、顾客、股东等各个利益相关者所应承担的伦理责任。因此,也使得伦理学和领导学研究者开始共同开展伦理型领导的研究,并在最近几年得到迅速发展。聚焦国内,中国的企业最近也不断出现道德漏洞(毒奶粉事件,富士康跳楼事件等)。所以在中国文化背景下,有效领导者除了具备优秀的业务领导能力外,还必须具有良好的品德素质,所谓"才者,德之资也;德者,才之帅也"。伦理型领导因其具备较高的道德修养与品性(Brown,Treviño,Harrison,2005),可以有效促进员工的积极行为(Jordan,Brown,Treviño,2013)。

而以上这些,正是组织中伦理型领导日益得到重视的原因。

第一节　伦理型领导研究综述

"伦理"(Ethic)来源于希腊语"Ethos",其意思是习惯、行为或者品格。因此,伦理不仅是那些被个人和社会所认可的或恰当的价值和精神,还涉及到个人动机和德行。

在关于领导力研究的初期,道德并未得到研究者的关注。从我们所掌握的文献来看,关于领导的道德特质的讨论是从 Bums(1978)对交易型领导和变革型领导的研究开始的。Bums 认为交易型领导在领导过程中,通过与员工的交易使工作任务完成,而员工完成任务的主要方式是服从,而对于组织中更为远大的战略性目标,交易型领导并不是那么看重,从某种程度上来说,交易型领导是一种"短视"的短期型领导。而变革型领导则不然,这种类型的领导通过自己有效的领导活动,使追随者的动机、价值观、目标及思维方式形成并得到改变和提升。在道德方面,变革型领导统盘考虑了社会变化对领导活动提出的要求以及利益相关者的共享利益性需求,从而为组织内道德水平和道德行为的提升做出有价值的努力。在 Bums 之后,Gardner(1990)遵从了他的观点,也认同道德属性在领导中的中心地位和重要性。Gardner 指出,在领导与下属的关系方面,应该把下属视作真正独立的人,而非领导完成组织目标的工具,这是一种道德高度的看法,即把过去认为追随者是被动地接受领导者的领导去完成工作这一看法纠正，使员工成为独立自主的人。他认为应该把领导者与追随者的关系提到道德高度，领导者应当将如何对待他人看成是目的本身，而不是将其看成对象或达到目的的手段。与 Gardner 相比，Bums 的观点可能更为强调领导的道德属性，甚至认为一个领导者在道德方面没有达到要求，那么他就不是一个真正的领导者。对优秀的组织领导者来说，除了要带领组织向既定目标出发，同时要具备一定的价值观与道德水准，并能将这些使命、价值观与道德状态在自己身上良好地体现出来，还通过自己的领导活动，使下属感知到这些特质，通过一定的组织制度、组织文化建设固化下来，从而在组织中塑造其期望的道德状态、提升组织的道德行为水平。

如前所述，学者关于领导道德属性的探讨已经有一个比较长的时间，但过去的研究更多的是从哲学和思辨的角度探讨两者的关系，而从科学意义上对伦理型领导的研究，却是最近从商业伦理事件频发之后开始的。由于研究的时间较短、道德问题难以定量及不同文化背景对道德的认识和要求的不同，整体上而言，研究的结果还是较为零散，未能系统化。甚至对伦理型领导这一概念仍然存在着不小的分歧。但值得高兴的是，学者运用了不同的方法，从不同的角度对伦理型领导进行了研究，为揭开伦理型领导这一复杂的领导力类型提供了多层面的画图，让我们对该概念的认识与理解逐渐明晰和加深。

一、伦理型领导概念的研究综述

根据目前掌握的文献，第一个明确提出伦理型领导概念的是 Enderle (1987)，他认为这种类型的领导，除了一般的关注点，如企业的绩效与持续发展等之外，伦理型领导还应该注重个体与企业的伦理责任，对企业内部与企业外部应该公开诚实地创造并解释现实，在实现企业的战略目标时，伦理型领导应该严肃思考其决策可能对他人（包括员工、消费者等社会利益相关群体）所产生的各类影响。Enderle 的开创性研究使从领导者研究领域中消失已久的道德这一话题重新进入研究者的视野。之后关于伦理型领导的研究大多参考与借鉴了他的研究视角。

Gini(1997)则从领导者社会权力的使用角度出发，认为领导者在其领导活动过程时，其职能的发挥如决策、组织等在影响他人的活动过程中,对社会权力的使用的情况,标志着其是否是伦理型领导。Gini 为伦理型领导的研究开创了一个全新的视角,虽然社会权力的使用情况是领导活动的基本判断标准,但因其无法对领导活动的伦理性质的活动进行单独区分,因此后续的研究者采用此视角进行的研究相对较少。

与 Enderle(1987)及 Gini(1997)的研究类似,Kanungoh,Mendonca 也从哲学思辨的角度采用概念分析法,通过在对前人伦理型领导文献归纳与总结的基础之上,他们指出伦理型领导应该从两个方面进行评判,第一是伦理型领导在领导过程中应该承担起对组织利益相关者的伦理责任,不能在领导过程中,以损害利益相关者的利益来追求组织目标的实现,如为了降低成本,以损害自然环境为代价,为了获得更高的利润而不顾员工的身心健康等。第二,与其他领导类型对员工的行为产生的影响相似,伦理型领导也应该在组织中营造与建设优秀的组织伦理氛围、伦理文化,以影响员工的伦理行为。Kanungoh,Mendonca 认为伦理型领导的主要特征是:利他主义而非利己主义的动机;善于通过授权来影响追随者的心理与行为而非采用强制、控制等手段;伦理型领导是那种不断对自身的道德能力、道德素质进行审视的领导,并能通过种种活动以增强和提升自己的道德能力、道德素质,从而提升自身的道德影响力。这与Kanungoh,Mendonca(2001)界定的伦理型领导概念最为接近,他们从利他主义的路径出发,将伦理型领导看作是利他与利己之间的一种张力(Kanungoh,Mendonca,2001;Turner,Barling,Epitropaki,Butcher,Milder,2002)。这表明,伦理型领导者是由其所接受的信念系统和相应的价值判断所驱动,而不是自身的利益所驱动的,这对员工、组织和社会都是有益的。作为伦理型领导的主要关注点,Kanungo,Mendonca(2001)和 Aronson(2009)在这个方面强调领导者的行动对其他人的影响。

从以上的回顾可以看出,研究者虽然对领导的道德特质与领导活动之前的关系进行了研究,但总体看来,这类研究只是简单回答了伦理型领导"应该是什么"的问题,并没有对伦理型领导的科学概念进行清晰的界定。Trevio,Hartman,Brown(2000)对此进行了研究,即回答"什么是伦理型领导"的这一问题。通过对不同行业的中层经理人员进行访谈,让他们回答他们所认为的伦理领导者的动机、特征和行为。得出如下的研究结论：所谓的伦理型领导具有两重属性，即道德的人与道德的管理者。道德的人是指作为普通个体的领导，他们应该具备与普通人一样的（甚至高于普通个体）道德素质与品行。而作为道德的管理者，是指领导在组织中的独特的角色要求，这要求在组织的领导过程中，伦理型领导应该对其领导行为进行审视，以检视其领导行为是否符合社会一般道德规范的要求，影响下属的行为的策略和手段是否具有一定的道德水准。由此，Trevio，Hartman，Brown（2000）认为组织中的伦理型领导是指，通过为下属设定较高的道德标准与期望，运用沟通机制与奖惩系统指引下属的道德行为的领导类型。

Brown（2002，2005）从社会学习的角度，在 Trevio 等人的研究的基础上，对伦理型领导进行了研究。Brown，Treviño，Harrison（2005）将伦理型领导定义为领导者在自身行为以及人际交往中表现出符合道德规范的行为，并通过双向沟通和决策活动来激发下属的这类行为。基于社会学习理论的视角，伦理型领导是组织中员工伦理行为与组织伦理气氛的关键因素，这是因为领导者常被视作员工的榜样而存在，当员工面临一定的道德情景时，他们会通过再现领导者处理类似的道德问题的处理方式，进而展现出相应的道德行为。而伦理型领导的作用就是通过提高自己的伦理道德水平，为员工作出良好的榜样与 Brown 等的观点相近，Meda（2005）认为伦理型领导是指领导者通过与组织成员良好的互动对话过程，在组织中树立起优秀的组织文化，通过与下属的对话及组织文化的作用，鼓舞和诱导员工在德行、绩效和关系上达到最高水平。但也有学者对这种视角下伦理型领导概念的界定提出了质疑（Riggio，Zhu，Reina，Maroosis，2010）。Riggio 等（2010）认为，这种视角的一个问题是伦理的相对性。也有学者从伦理型领导的行为角度，将伦理型领导分成三个维度：共平、分权和角色澄清（De Hoogh，Den Hartog，2008）。Kalshover和他的同事深化了 De Hoogh 的研究。他认为伦理型领导的行为不仅仅有共平、分权和角色澄清，还有以人为本、正直、道德向导和持续性关心。如表 2-1 所示：

表 2-1　伦理型领导的定义研究

作者	年份	定　义
Enderle	1987	一种思维方式,旨在明确描述管理决策中的伦理问题,并对决策过程所参照的伦理原则加以规范
Heifetz	1994	伦理型领导就是帮助下属在飞速变化的工作环境和社会背景下应对变化,处理价值冲突,激励下属勇于面对棘手问题,为下属提供一个充满信任的环境
Trevino et al	2000 2003	包含以下两方面含义:一是合乎伦理的个人,即具备诚信等个体特征,并执行合乎伦理的决策;二是合乎伦理的管理者,即采取影响组织道德观与行为的策略
Northouse	2001	伦理型领导者是诚实、正直、公正的;伦理型领导者愿意倾听下属的意见,肯定下属的信念和价值观;伦理型领导者为他人服务,把他人的利益放在首位,以有利于他人的方式行事
Kanungo	2001	伦理型领导者存在关心他人的动机,他们的行动无一例外地由"为了他人的利益"理念指引。伦理型领导的最大动机是利他,而不是利己
Aikman	2003	强调伦理价值观是伦理型领导的基本元素,这些伦理价值观具体包含尊重、公平、诚实;并且,员工与领导者定义伦理领导的方式基本相同,特别强调价值观作为伦理型领导的一部分,这些价值观包括公正、诚实、可信赖
Meda	2005	榜样领导,道德行为的模范角色,在商业事务中激励下属作出道德反应
Brown	2005	伦理型领导是指领导者通过个体行为和人际互动,向下属表明什么是规范的、恰当的行为,并通过双向沟通、强制等方式,促使他们遵照执行

表格来源:作者根据研究整理。

表 2-1 定义包含了两个方面的内容,一是什么样的领导者是伦理型领导者,即伦理型领导者具备的特质和行为。伦理型领导者正直诚实、体恤关爱社会,他们做出公平、有原则的决策,设置明确的道德标准,并采取奖惩措施以确保这些标准得以执行等。二是领导者与下属的互动,即伦理型领导者对组织的影响过程。伦理型领导者在管理实践中,注重与下属之间形成的互动关系,影响下属个人道德不断成长,促进伦理组织文化和氛围的形成。

二、伦理型领导概念的维度与测量

（1）Brown，Trevio，Harrison(2005)的整体单因素结构

如前所述，Brown，Trevio，Harrison(2002，2005)在伦理型领导的研究中引入了社会学习理论，在此理论的指导下，Brown，Trevio，Harrison(2005)认为伦理型领导是整个组织中道德的模范，员工通过学习领导者的道德行为和道德表现，内化为自己的道德知识和道德能力之后，才会表现出相应的道德行为。以社会学习理论为指导开启了伦理型领导研究的全新视角。基于以上分析，Brown，Trevio，Harrison(2005)开发出一个以领导者的伦理角色榜样在塑造员工的伦理行为方面的伦理型领导测量工具。

Brown，Treviño，Harrison(2005)编制的伦理型领导的测量工具，共10个题项，单维度结构。该工具通过对下属感知到的其直接主管的伦理行为的测量，测量其直接主管是否会遵守一定的道德规范、是否通过制度的建设在组织中对员工的道德行为与非道德行为进行规范和奖励。该量表另外一个大的特色是基于社会学习理论进行构建的，如关注伦理型领导是否在组织中成为员工的道德学习的榜样。通过数据的分析表明，该量表的区分效度和区分效度统计指标都完全达到了测量学的标准。当然，该量表对伦理型领导的测量的题目，分到每一个层面的内容只有一个或两个，量表总体上显得有些简单。但可能正是因为这种简单，使用者能通过简单的量表对伦理型领导进行有效的测量，所以 Brown，Treviño，Harrison(2005)编制的单维伦理型领导量表是目前在实证研究中较多被使用的测量工具。如表 2-2 所示：

表 2-2 Brown，Trevio，Harrison 的单维伦理型领导量表

序　号	题　项
1	我的主管会惩罚违反道德标准的下属
2	我的主管总能听取下属的意见
3	生活中，我的主管总是遵守道德规范
4	我的主管总是关心下属的最大利益
5	我的主管总是做出公平、公正的决策

续　表

序　号	题　项
6	我的主管是个值得信赖的人
7	我的主管会和我们一起讨论价值观和商业道德问题
8	如何有道德地处理事情，我的主管给我们树立了榜样
9	我的主管界定成功时，不仅看结果，还会考虑获得结果的过程
10	我的主管在做决策时会问，"怎样做才是正确的？"

量表来源：Brown M E，Trevio L K，Harrison D. (2005) Ethical Leadership：A social learning perspective for construct development，& testing. *Organizational Behavior*，& *Human Decision Processes*，97，117—134

(2)Khuntia，Suar 的二维结构

Kanungo，Mendonca(1998)在对伦理型领导的维度研究中，指出伦理型领导是一个由"动机或意图"、"影响策略"和"特质"三维组成的结构。在此基础上，Khuntia，Suar(2004)在根据 Kanungo，Mendonca 研究的这三个维度的基础之上，编制了 22 题含两个维度(一个维度为授权，另一个维度为激励与个性品质)的伦理型领导测量工具。领导者的授权维度是指在管理实践中，领导者通过提高员工的工作能力、工作态度与工作技能，同时领导者开放员工参与组织目标制定和重大决策的机会，使员工能够、并且勇于承担组织给予的重任，从而使员工与组织得到共同的发展。而激励与个性品质维度则关注领导者在与员工的双向沟通过程中表现出来的行为和品质。例如领导者的品质会影响员工达成组织愿景、帮助下属维持团队目标、服务组织及其成员、对下属的贡献提供奖赏和支持等。相比 Kanungo，Mendonca 纯粹的理论性探讨来说，Khuntia，Suar 在前人研究的基础之上，通过理论推演、开发的量表并得到数据的验证是一种进步，但其量表也存在一些问题，例如该研究的样本主要来自印度，对高权力程度文化下的组织，该量表可能具有较高的效度，但在低权力程度国家的应用可能会存在一些问题。如表 2-3 表示：

表 2-3　Khuntia，Suar 开发的两维结构伦理型领导量表

维　度	序　号	题　项
授权	1	我的上级保护下属免遭批评
	2	我的上级参与下属的目标设置和决策制定
	3	我的上级乐意指导那些工作努力的下属
	4	当下属有需要时，我的上级愿意提供指导和建议
	5	我的上级以一种合适的方法与下属共同工作
	6	我的上级赞赏那些希望表现出更好的工作绩效的下属
	7	我的上级喜欢工作努力的下属
	8	我的上级鼓励下属承担更多的工作责任
	9	我的上级可以发现每个下属的不足，并帮助其弥补这些不足
	10	我的上级给与下属尝试创新性工作方法的机会
	11	我的上级与下属沟通并制定简单的方法实现组织未来的目标
	12	我的上级提出新的方法来看待我们如何完成工作
激励/个性品质	13	我的上级会去帮助下属
	14	我的上级有战胜困难的决心
	15	我的上级协调不同部门的活动以实现组织目标
	16	我的上级会奖励那些做出贡献的下属
	17	我的上级为了组织发展不谋私利
	18	我的上级鼓励员工承担实现目标的风险
	19	我的上级言行一致
	20	我的上级乐意接受批评和建议
	21	我的上级提高了下属的渴望成功的欲望
	22	我的上级一心一意地致力于实现组织目标

量表来源：Khuntia R，Suar，D（2004）. A scale to assess ethical leadership of indian private and public sector managers. *Journal of Business Ethics*，49(1)，13—26.

（3）高伟明、曹庆仁、许正权的三维结构

因为在不同的文化背景下，伦理型领导的表现形式可能存在比较大的差异。因此，伦理型领导在不同文化背景下的量表开发一直以来是研究者们比较关注的问题。我国传统文化中对道德的重视首先就体现在对

领导者道德的重视方面,体现了"天、地、人"和谐统一的完整思想体系。在当代,东方领导思想越来越显示出强大的生命力。高伟明,曹庆仁,许正权(2016)基于中国文化情境,对中国伦理型领导的结构及测量工具进行了探索。他们的研究认为,基于中国文化情境的伦理型领导包括领导者美德、伦理规则和利他精神三个维度,其中,利他精神是中国伦理型领导特有的维度。中国文化背景下的伦理型领导的这三个维度体现在以下几个方面:首先,中国文化背景下的伦理型领导首先应该是道德的"人"。即对领导者自身道德品质的要求方面,要求领导者值得员工依赖,具有崇高的道德和价值观。在工作和生活中能表里如一,尊重和关心员工的工作和生活,即拥有美德。其次,中国文化背景下的伦理型领导应该是道德的"管理者"。即在组织的管理过程中,领导的领导活动应该统一考虑组织的利益相关者的利益之后,才对企业的各项经营决策进行定夺,而不单纯只考虑组织和个人的利益。并且在组织的日常管理过程中,依靠完整的组织管理制度对员工的道德行为进行正确的引导、奖惩,从而在组织中树立良好的伦理道德文化,提升员工的道德行为水平,进而提升组织的伦理道德水平。最后,中国文化背景下的伦理型领导应该具备突出的利他精神。这是指中国的伦理型领导在领导过程中,不搞个人主义,不以追求个人价值取向为主,而是考虑作为组织的领导者,如何帮助员工和组织去实现各自的目标。这与中国的企业伦理注重集体主义,要求个人服从集体的文化理念是一脉相承的。如表 2-4 所示:

表 2-4 高伟明,曹庆仁和许正权开发的中国文化情境下的伦理型领导量表

维 度	序 号	题 项
领导者美德	1	您的领导是值得信赖的
	2	您的领导在工作中公正公平
	3	您的领导能够听取员工的意见或建议
伦理规则	4	您的领导要求员工按照规则进行工作
	5	您的领导以身作则,根据道德规范为员工树立正确做事做人的榜样
	6	您的领导在做决定时,会考虑事情是否符合规则
	7	您的领导会与员工探讨和分享利他价值观

续　表

维　度	序　号	题　项
利他精神	8	您的领导要求员工考虑其他员工的利益
	9	您的领导期望员工完成组织没有规定的工作

量表来源：高伟明，曹庆仁，许正权（2016）. 中国文化情境下的伦理型领导量表研究与开发. 技术经济与管理研究（4），14—18.

（4）Zheng，Zhu，Yu，Zhang，Zhang 开发的三维中国组织中的伦理型领导量表

Zheng，Zhu，Yu，Zhang，Zhang（2011）开发了中国组织中的伦理型领导测量量表（ELM）。他们在整个问卷开发过程中深入地分析了中国组织环境中伦理问题与领导风格的特点，识别出中国伦理型领导所具有的五个特征，分别是伦理的决策风格、很好地对待职员、个人的伦理品质、伦理体系和道德性。而最终的量表共包含 14 个题项，由三个维度构成，分别是个人的伦理特征、伦理的决策风格和伦理标准的开发。如表 2-5 所示：

表 2-5　Zheng，Zhu，Yu，Zhang，Zhang 开发的伦理型领导三维量表

维　度	序　号	题　项
个人伦理特征	1	倾听下属的意见
	2	可以被信任
	3	诚实
	4	从不将个人事务掺杂在工作中
	5	理解员工的心理需求
	6	不唯结果，也看过程
	7	在工作或生活中展现出较高的道德水平
伦理的决策风格	8	遵纪守法
	9	决策时考虑到社会责任
	10	决策公正平衡
	11	考虑怎么样以道德的方式做事

维　度	序　号	题　项
伦理标准 的开发	12	与下属讨论商业伦理道德问题
	13	惩罚那些违反道德准则的员工
	14	给员工树立了如何道德做事的榜样

量表来源：Zheng X M，Zhu W C，Yu H B，Zhang X，Zhang L（2011）. Ethical leadership in chinese organizations：Developing a scale. *Frontiers of Business Research in China*，5(2)，179—198.

（5）De Hoogh，Den Hartog 开发的三维伦理型领导量表

De Hoogh，Den Hartog（2008）开发的伦理型领导测量工具分为三维 30 题,这三维分别是：道德公平、角色界定、权力分享。然后据此他们开发的测量工具如表 2-6 所示：

表 2-6　De Hoogh，Den Hartog 开发的三维量表

维　度	序　号	题　项
道德 公平	1	他/她的行为总是符合道德标准
	2	无论他/她说什么,都是认真的
	3	他/她是值得信任和依赖的
	4	可以信任他/她不谋私利,而是为了下属的利益服务
	5	他/她不会无理由的批评下属
	6	我的上级追求自己的利益而牺牲下属的利益
角色 界定	7	我的上级会解释每个人的责任
	8	我的上级会解释组织对于每个成员的期望
	9	我的上级会解释每一个小组成员的权力范围
	10	我的上级会和员工沟通组织对于每个人的绩效期望
	11	我的上级能够分清轻重缓急

维　度	序　号	题　项
权利分享	12	我的上级允许参与影响关键的决策
	13	当员工提出建议的时候，上级会重新考虑决策
	14	将具有挑战性的责任委托给下属
	15	不允许别人参与决策
	16	向下属咨询关于组织战略的建议
	17	允许下属制定他们的业绩目标
	18	是惩罚性的，没有怜悯或同情
	19	不能容忍分歧和质疑
	20	像一个专横的暴君
	21	往往不愿或不能放弃对于项目或任务的控制权
	22	希望下属绝对服从
	23	受委屈时会寻求报复
	24	最高管理层是一个相互作用的整体，共同朝着组织目标而努力
	25	公司的高层管理团队对于公司的目标和任务有清晰的了解
	26	高层管理团队参与了所有重要的决策过程
	27	高层管理团队的工作有效率
	28	我对于我在这个组织中的未来持乐观态度
	29	我希望这个组织中有一个好的未来
	30	我希望从现在开始能在这个组织中工作三年

量表来源：De Hoogh A H B, Den Hartog D N(2008). Ethical., & despotic leadership, relationships with leader's social responsibility, top management team effectiveness, & subordinates' optimism: A multi-method study. *The Leadership Quarterly*, 19(3), 297—311.

　　(6)Resick，Hanges，Dickson，Mitchelson 开发的四维结构伦理型领导量表

　　如前所述，在不同的文化背景下，伦理型领导的表现形式肯定存在不同的差异。这是因为文化对伦理型领导的要求各有不同。目前虽然有一些关于伦理型领导的测量工具已经开发出来，但文化的适应性如何还是一个伦理型领导测量工具要考虑的问题。Resick，Hanges，Dickson，Mitchelson(2006)在全球领导和组织行为有效性项目的基础之上，通过

对已有文献的研究进行大量的回顾之后,抽取出已有相关研究中关于伦理型领导的内容,然后通过一定的理论分析,得出了一个四维度伦理型领导的结构。这四个维度分别是:正直性、利他主义、集体激励和鼓励。这四个维度分别从领导者的个性特质、动机及领导者的伦理意识和行为分别进行了测量。据此,四个维度的理论分析之后,Resick,Hanges,Dickson,Mitchelson 编制了 15 个项目的伦理型领导测量工具。虽然运用标准的量表开发程序的结果显示,该四维度的伦理型领导的结构具有较高的信效度,尤其是在不同的文化背景下也具有一定的稳定性。Martin,Resick,Keating(2009)对美国和德国文化下的伦理型领导的行为进行了对比研究,研究结果显示该四维结构具较强的说服力。这为经济全球化背景下,多种不同文化背景下的伦理型领导者的研究提供了真实可靠的研究工具。然而,也有研究表明 Resick,Hanges,Dickson,Mitchelson 的四维结构还存在一定的待改进之处。如 Keating,Martin,Resick,Dickson(2007)的研究发现,每一个维度在不同的文化环境中被认可的程度是不一样的。另外,根据我们所掌握的文献来看,目前还没有见到东方文化背景下的研究,东西方文化的差异是巨大的,后续的研究者,尤其是东方文化背景下的研究者可进一步利用该量表,检测其在东方文化下的效度。如表 2-7 所示:

表 2-7　Resick,Hanges,Dickson,Mitchelson 开发的四维量表

维　度	序　号	题　项:我的领导
正直性	1	充分信任他人
	2	为人真诚坦率
	3	待人公平、公正
	4	诚实守信
利他主义	5	慷慨大方
	6	待人友好
	7	关爱他人,有同情心
	8	为人谦逊
	9	善于社交,多与他人沟通交流

续　表

维　度	序　号	题　项：我的领导
集体激励	10	善于帮助下属建立自信，更好地去完成任务
	11	以团队、集体为本
	12	善于启发、引导下属的工作动机，并激励下属
	13	善于组建团队
鼓励	14	给他人以鼓励
	15	廉洁奉公

量表来源：Resick C J，Hanges P J，Dickson M W，Mitchelson J K（2006）．A cross-cultural examination of the endorsement of ethical leadership. Journal of Business Ethics，63，345—359.

(7)Spangenberg，Theron 的多维结构伦理型领导量表

Spangenberg，Theron(2002)认为伦理型领导概念的内涵比较丰富，只用单维或者较少维度并不能反映伦理型领导的本质。因此，他们采用德尔菲法，从主管、同事和员工三个角度上开发了伦理型领导的360°的测量工具。这量表共 19 个维度，101 个题项。由于采用了不同内容源对伦理型领导进行了测量，有效的降低了同源评估对结果带来的误差影响。同时，该量表的维度较多，也比较全面地对伦理型领导进行评估。在 2002 年研究的基础上，Spangenberg，Theron(2005)认为伦理型领导伦理愿景的创建和应用对组织愿景的建立和实现有重要影响，他们依此建立了一个可操作、可测量的三阶段理论模型，以期在组织中构建伦理型领导。该模型认为，伦理型领导的构建包括三个阶段，即创建和共享伦理愿景；从领导者、下属和组织三方面为实施该愿景做准备；实施贯彻伦理愿景。

通过以上的文献回顾我们发现，目前对伦理型领导结构的研究取得了不同的结果，虽然单维结构的研究被大多数实证研究使用，但并不能说明其就真实反映了伦理型领导的本质，只能说明它在使用上较为简便而已。伦理型领导的结构为何存在如此大的差异？这个问题可能有以下几个方面的原因：

(1)像所有的社会科学概念一样，伦理型领导的概念本身是不可测的，因此在认识其过程中，研究者都不能像自然科学的概念一样直接进行测量，由此导致其概念和定义的多样性。

(2)研究者采用了不同的理论做为研究的指导，而不同的研究理论各

有侧重,导致研究者在定义伦理型领导的概念与维度时,具有较大的差异。

(3)研究的视角与层次上可能存在不同。在组织中,伦理型领导并非特指组织中最高领导者,而是泛指在组织中具有领导职能的大部分管理者,如部门的经理或部门中的主管,只要其具备激励下属与引导下属的职责,研究者都对其进行了统一的测量和量表开发,但事实上是,不同领导者因为职级的不同,他们身上所体现出来的道德行为具有较大的差异性,用同一个量表对其进行测量可能是不完全的。另外,大量关于伦理型领导者的研究认为他们具有正直、可依赖、公平、有原则、授权、激励下属等特点。但是,这种类似于因素分析的思路过于强调领导者个体,忽视了员工以及组织层面因素在构建伦理型领导中的作用。

(4)研究的文化背景。领导者都是植根于一定文化土壤的领导者,其身上或多或少会体现所生长的那个文化环境对其的烙印,而不同的文化对领导者的道德要求又不尽相同,所以导致在研究过程中伦理型领导的概念与维度之间存在较大的差异。虽然 Resick, Hanges, Dickson, Mitchelson(2006)开发的量表为伦理型领导跨文化研究及比较提供了测量工具,但仍然存在不同文化情境下的适用性问题。所以伦理型领导测量工具的文化适应性这一问题尤其需要后续研究者进行深入思考。我们需要一个在所有文化情境下都具有普遍适应性的伦理型领导的定义和测量工具吗? 如果需要,那么如何才可能实现? 如表 2-8 所示:

表 2-8 伦理型领导的维度研究小结

研究者	年份	维度
Treviño, Brown, Hartman	2003	5 维(坚持以人为本、采取伦理行动、设置伦理标准、拓展伦理意识、执行伦理决策)
Khuntia, Suar	2004	2 维(授权、动机与性格)
Brown, Treviño, Harrison	2005	单维
Resick, Hanges, Dickson, Mitchelson	2006	4 维(诚信、利他主义、集体动机、激励)
De Hoogh, Den Hartog	2008	3 维(道德公平、角色界定、权力分享)
Spangenberg, Theron	2002	19 维
高伟明,曹庆仁,许正权	2016	3 维(美德、伦理规则、利他精神)
Zheng, Zhu, Yu, Zhang, Zhang	2011	3 维(个人的伦理特征、伦理的决策风格、伦理标准)

表格来源:作者根据文献整理。

三、伦理型领导的实证研究

自伦理型领导提出以来，集中于伦理型领导与其结果变量间的研究较多，而对其前因变量的探讨较为有限。主要集中于以下几个方面：

在个体因素方面，以往研究认为领导的个性特征是影响伦理型领导水平的主要前因变量（Treviño，Brown，Hartman，2003；Brown，Treviño，Harrison，2005）。De Hoogh，Den Hartog(2008)在此基础上，推断领导者社会责任感与伦理型领导具有相关关系，结果发现社会责任感有利于伦理型领导的开发与形成。此外，Walumbwa，Schaubroeck(2009)也指出了稳定的个性特征，即宜人性和责任感会与伦理型领导正相关，而神经质则与伦理型领导呈负相关关系。在组织影响因素方面，Brown，Trevino(2006)研究表明，组织的道德氛围和价值观在一定程度上影响着伦理型领导。而 Mayer，Kuenzi，Greenbaum，Bardes，Salvador(2009)在研究不同层级伦理型领导的差异性时，认为伦理型领导是一个多层面的概念，其对组织员工态度及行为的影响是由高层管理者逐层向基层员工传递的过程，中层管理者的伦理型领导特征受到高层管理者的影响。

相较于伦理型领导的前因变量的研究，伦理型领导相关结果变量的研究要显得多得多，并主要集中于对下属的积极态度、积极行为与消极行为等方面的研究。伦理型领导具有正直，公平对待下属，关心下属利益并平衡满足组织与个体的需要等道德品质，进而能有效促使下属产生积极的情绪与态度。实证研究表明，伦理型领导能够提高下属的组织承诺度(Khuntia，Suar，2004)、工作满意度(Toor，Ofori，2009)及信任感(De Hoogh，Den Hartog，2009)等积极乐观的情绪与态度。基于社会交换理论与社会学习理论，国内外学者针对伦理型领导与下属行为，做了大量的研究。社会学习理论认为：在管理实践中，下属会通过观察并效仿角色模范的价值观与行为，而伦理型领导一方面由于自身的正直、公平、关心下属利益等道德品质成为具有吸引力的角色模范，另一方面通过奖惩机制明确规范并传达什么行为是可以接受的，什么行为是不可接受的，下属受此影响则会表现出组织期望的行为。而社会交换理论以互惠为基础，当伦理型领导公平对待员工，通过双向沟通表达对员工的尊重，从而赢得下属的信赖,那么下属则会以社会交换维持两者的关系,做出一些利于组织发展的行为。研究表明伦理型领导可以提高组织公民行为(Piccolo, Greenbaum, Hartog, Folger, 2010)、建言行为(Walumbwa, Schaubroeck, 2009)等积极主动行为,并抑制下属的越轨行为(Mayer, Kuenzi, Greenbaum, Bardes, Salvador, 2009)、不道德行为(Khuntia, Suar, 2004)等。

(1)伦理型领导与下属的态度

伦理型领导者正直,对下属公平,把下属的利益放在心上,因此,下属更可能产生积极的情绪,对领导者更加满意。另外,伦理型领导者还会在组织中营造一种伦理氛围,表现为关心他人,对他人的需要敏感等,这会影响到员工的组织承诺。Khuntia, Suar(2004)以自己开发的伦理型量表为基础证明伦理型领导能提高下属的工作投入以及情感承诺。Toor, Ofori(2009)的研究证明伦理型领导与员工对领导的满意度以及额外的工作投入显著相关。Neubert, Carlson, Kacmar, Roberts, Chonko(2009)证明伦理型领导会提高下属的工作满意度以及组织承诺,同时,组织中的伦理气氛对这种影响起中介作用。De Hoogh, Den Hartog(2008)的研究发现下属对领导者的伦理型领导感知能增加下属的乐观情绪,使下属对组织的未来以及自己在组织中的地位更乐观,并且愿意留在组织为组织作贡献。De Hoogh, Den Hartog(2009)利用层次分析法,探讨伦理型领导的两类行为(公平和正直,授权)与员工的信任以及组织承诺的关系。结果证明,员工对伦理型领导的行为感知与员工对管理层和同事的信任、员工的情感承诺以及规范承诺正相关,而与继续承诺负相关。

(2)伦理型领导与下属的工作绩效及行为

研究者一般用社会学习理论和社会交换理论来解释伦理型领导对下属的工作绩效及行为的影响,社会学习理论认为个体通过观察来学习与模仿角色模型的价值观,行为伦理型领导者通过两种方式影响下属的伦理行为。一方面,伦理型领导者因为角色,地位和成功等,成为合法的、有吸引力的伦理角色模型,下属会模仿他们的伦理行为;另一方面,他们通过奖励和惩罚措施向下属表明什么是正确的行为,下属通过学习各种行为的不同后果,更可能表现出伦理行为,避免不道德行为。社会交换理论以互惠规范为基础,当交换的一方做出有利于对方的行为时,对方会产生一种义务感,从而做出努力给予对方回报。伦理型领导公平地对待下属,并值得信赖,下属会以社会交换而不是经济交换的方式考虑他们与领导的关系,因此,更有可能付出额外的努力,做出对领导和组织有利的事情。

(3)伦理型领导对下属的绩效和行为的影响表现在个体和群体层面

在个体层面上,Khuntia,Suar(2004)证明伦理型领导能降低下属的不道德行为,如"操纵和谋私利的行为","滥用资金"等。Piccolo,Greenbaum,Hartog(2010)通过对170名本科生和107名硕士生进行实地研究,证明伦理型领导对工作意义和工作自主性产生影响,由此影响员工的动机(愿意付出额外的工作努力),最终影响员工的任务绩效和组织公民行为。其中,工作意义在伦理型领导与员工的努力之间起中介作用。Walumbwa,Schaubroeck(2009)证明伦理型领导能增加下属的进谏行为(包括报告问题行为),雇员的心理安全感知对伦理型领导与下属的进谏行为的关系起部分中介作用。在群体层面上,Mayer,Kuenzi,Greenbaum,Bardes,Salvador(2009)证明高层管理者以及主管的伦理型领导对群体越轨行为有负向作用,而对群体组织公民行为有正向作用。他们还证明了伦理型领导影响员工行为的滴入式模式(trickle-down model),即伦理型领导的影响作用是从组织的高层管理者逐层向下传递的,主管的伦理型领导在高层管理者伦理型领导与群体层面的越轨行为和组织公民行为的关系之间起中介作用。

第二节　德行领导研究综述

作为世界闻名的古国,中国的历史文化源远流长,为人类的发展贡献巨大。而在管理学领域尤其是在领导学领域,却贡献寥寥,这可能与中国的经济社会结构有关。但不可否认的是,虽然我国领导科学的发展历史不长,但随着中国社会的不断发展,我们的领导思想却灿若星河。

我国领导思想的萌芽是从夏商周时期开始的。在这个时间段里,出现了如神权王佑的统治思想,这种思想使领导的合法性得到了确认,从神的角度给统治者的统治奠定了基础。而《易经》中表现出来的变易领导思想,则从不断的环境变化角度,指出了领导者不应该只局限于某一种领导方式,而应该根据当时的情景选择合适的领导方式。在这个阶段还产生了春秋战国诸子百家思想基础的周公的"德政"思想。周公倡导"敬德、保民、慎罚、用贤"为领导者在个体的领导行为方面指明了方向。春秋战国时代是我国东方领导思想真正的形成阶段。这个阶段出现了大量的领导思想,如道家学派主张的领导者应该"无为而治"、儒家的"仁政"、墨家的"兼爱"、法家的"法术势"、兵家的"奇正"思想和纵横家的"智谋"思想。领导思想在这个阶段呈现出百花齐放、百家争鸣的良好态势,极大地促进了我国领导思想的发展。

从秦统一全国直到近代,在我国思想界,始终是儒家、法家、道家三派在不同时期占有主导地位,同时这三家思想流派又随着历史的演进而不断产生融合,给东方领导思想的发展带来不同的色彩。

回顾东方领导思想的起源及发展历程,大致上可以归纳为五大流派:以道家思想与学说为基础构建起来的无为主义领导(治大国,若烹小鲜)、以儒家思想与学说为基础构建起来的中庸主义领导(不偏之谓中,不易之谓庸)、和谐主义领导(和则生,和则兴,和则强)、人文主义领导(仁者爱人)、以兵家学派思想与学说为基础构建起来的奇正主义领导(神龙见首不见尾)。

进入21世纪之后,东方的以思辨为主的领导思想与西方以实证为导向的领导学之间的碰撞与融合不断发生,而在这种碰撞与融合的过程中,东方领导思想并没有受到多大的影响,而是越来越显示出强大的生命力与效用,对东亚乃至世界各国的领导思想的发展都产生了重要的影响。在东亚地区的日本、韩国、新加坡等国普遍接受了东方领导思想,并在日常的企业管理中亲自加以实践,取得了丰硕的成果。在这些运用东方领导思想的实践过程中,有:日本企业经营者横山亮次将自己的经营思想基础归结为儒家管理的"礼"、"义"二字,三菱综合研究所高级顾问中岛正树称"中庸之道"为企业管理最高道德标准,日立集团创始人小平浪子把"和"、"诚"、"言行一致"列为"社训"。还有日本企业之父涩泽荣一的《论语》+算盘"的领导思想、经营之神松下幸之助的经营智慧以及世界拉链大王吉田中雄的"善的循环"。无不体现与闪耀着东方领导思想的光芒,同时日本、韩国与新加坡等经济体都取得了长足的发展,日本一度成为世界第二大经济体,直到近年才被中国超越。这些无不显示着东方领导思想的效用。

在以往的领导理论研究中,较少有学者将德行领导单独构念为一种领导风格来研究。但在多种不同类型的领导理论的研究中,许多领导风格都包含德行领导的某些特征。因此回顾德行领导逐步萌芽、衍化、发展的过程有助于更全面的把握德行领导的概念。

一、德行领导的源起:家长式领导

关于领导理论的研究,目前学界主要是两大研究途径:准则式与特则式。准则式认为领导的行为与内容是放之四海而皆准的,其行为与内容超脱国家、文化或者地区的影响,认为对于有效的领导方式,全球有统一的标准;特则式的研究途径认为,全球的领导方式虽然有共通之处,但在不同的文化情境中,领导的行为、内容却受制于文化的影响而表现出不同的形式。在一个文化下得到验证有效的领导行为,在另一个文化下未必有效。目前,特则式的研究途径慢慢成为领导学的主要潮流,得到了研究者的认可。对理论研究者与实务工作者而言,在全球化的浪潮之下,文化差异性的理论与管理变得日益重要。于是,每提出一种领导类型,不同文化的研究者都会从文化的角度对其进行认真审视,以探求这种领导类型的文化适应性问题。

众所周知,以儒家文化为主导的东方社会文化价值观与西方社会文化价值观存在着较大的差异。20世纪中期之后,儒家文化所主导的区域,如日本、韩国、新加坡、中国及中国台湾地区的经济发展极为迅速,引起了理论界的高度兴趣。持准则式研究观念的研究者试图从儒家文化圈中的这些国家和地区的领导群体中,找到一些共性的东西,但却在不断的研究中发现,有许多无法解释的部分。而持特则式研究观点的学者们,他们从儒家文化出发,去探讨企业领导者与企业发展绩效之间的关系,研究发现不止在企业中,几乎在所有的儒家文化主导下的组织中,都存在着与西方文化背景下发展起来的领导类型相异的特色。如这些组织的领导均表现出类似在家庭中父权的作风,虽然依靠强大的权威来对下属进行领导,但同时对待下属也有照顾、体谅、及树立典范的领导成分在内,类似于家长对其子女的方式。因为这种类型的领导者体现出在家族中"家长""父权"的风格,研究者把这种领导现象称之为家长式领导(郑伯埙,1990;Farh, Cheng, 2000; Pye, 1981, 1985)。

最早发现家长式领导这一现象的是来自西方的学者。Silin(1977)对中国台湾的一家企业进行了一年多的追踪研究,通过与企业的老板、管理人员及员工的深度访谈发现,该企业的管理者对员工的管理方式,与一家之长管理家庭成员的方式极为类似。如领导者要有德行、权威、教导、隐藏真实意图、与下级保持距离和控制等特点。在这种领导风格下,员工会对领导表现出服从、依赖、信任、敬畏与尊重。与此同时,华人家族企业在海外取得了越来越多的成功,这也引起了研究者的兴趣。以上对家长式领导的研究基本上是离散与思辨性质的,并未形成关于家长式领导研究的理论体系。真正对家长式领导进行系统的理论研究是在以中国台湾地区学者为首的华人管理学者的带领下实现的。尤其得益于台湾地区的郑伯埙教授为代表的学者们的大力推动。

根据调查的结果,郑伯埙于 1995 年将家长式领导的行为分为两大类:立威与施恩,这就是家长式领导的第一个比较严密的理论体系,即家长式领导的二元理论。在不同的立威和施恩行为的面前,下属会做出不同的反应模式来。立威是强调领导者个人的权威与支持下级的权威方面,具体包括专权作风、贬抑部属的能力、形象整饰、及教诲行为四种类型。在立威的领导者行为面前,下属会表现出顺从、服从、敬畏、及羞愧等行为反应。在施恩方面,领导的行为可以分为个别照顾与维系下级的面子两类。而下级则会产生感恩与图报两类行为,以回报领导者恩惠。事实上,个别照顾是指领导者在组织内"亲疏有别",这也可视为上下级关系研究的开端。

虽然家长式领导的二元理论提出在后,但事实上郑伯埙、庄仲仁(1981)早在研究台湾地区军队的领导行为时,就有一个重要的发现,即领导者个人的品行也是影响领导有效性的一个非常重要的方面。虽然在建立二元理论时郑伯埙并未将德性领导纳入其中,但这项研究仍然启发了他。在家长式领导研究的学术史上,郑伯埙教授的二元理论为开创之作,但后续的一些学者在评价二元理论时,认为其研究的唯一不足是对领导者的德行关注不多。事实上,在二元结构中,即立威与施恩的框架中,领导者的德行是被认为是必然的组成部分,这其实也体现了家长式领导对德行的重视,但这样做显然是不够的(Farh,Cheng,2000)。造成二元结构中对德行领导没有体现的另一个原因可能是,研究者对德性的内涵并没有取得一致性的看法。例如 Westwood(1997)认为德行领导有两种表现:第一,老板自己要有合附规范与品德的行为并为组织中的他人做出良好的榜样与表率,第二,领导者的权威并不是单纯为自己的利益而立威,这种权威也对其他人的利益进行考虑。通过以上的分析可以看出,在领导者拥有的品德的内容上,研究者可能存在共识,然而,几乎所有的研究者都认为领导者必须要有德性。在这种情况下,家长式领导就具有了一种德治的形式(Farh, Cheng, 2000；Pye, 1981, 1985)。

于是,郑伯埙和樊景立在 2000 年合作进行的研究中,根据家长式领导的二元理论与之前对领导者德性的关注,他们将原来立威与施恩两个维度中的施恩维度进行了再进一步的细分,将领导者的工作示范、以身作则与公正无私合并起来,称为德行领导。至此,家长式领导正式由立威、施恩的二元结构演进为最终的三元理论模型。即家长式领导包括仁慈领导、德行领导以及威权领导三个维度。如图 2-1 所示:

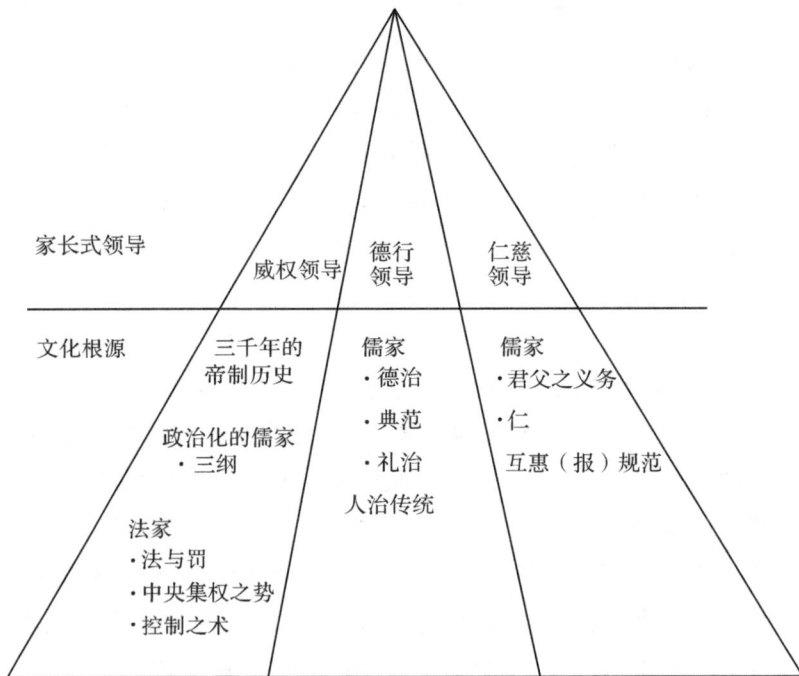

图 2-1 家长式领导的文化根源

图表来源:郑伯埙,樊景立.(2000).初探华人社会的社会取向:台湾与大陆之比较研究.中华心理学刊,43(2),207—221.

在家长式领导的研究领域内,除郑伯埙和其团队的二元、三元理论之外,另外一个主要的研究团队是土耳其学者 Aycan 及其团队。Aycan 的家长式领导理论源于西方父权主义的研究,Aycan(2006)基于领导的角色理论,将家长式领导定义为一种二元的关系;其中,领导的角色是在工作和非工作领域为下属提供照顾、保护与指导,而下属需要服从领导、忠诚于领导以作为回馈。

(1)家长式领导的维度与测量

对家长式领导维度的划分方面,目前各个研究者主要认可的是家长式领导的三元结构,即 Farh,Cheng(2000)的研究成果。Farh,Cheng 详细回顾了 Silin(1976)、Redding(1990)、Westwood(1997)及郑伯埙(1995)的研究后,提出了家长式领导的三维结构:仁慈领导、德行领导以及威权领导。威权领导是指在组织中领导非常强调个人的权威,并对下属进行严格的控制的领导风格。威权领导包括了领导者的"专权作风""贬损下属能力""形象整饰"与"教诲"等立威行为。仁慈领导是指领导者对下属个人及家庭做个别、全面、长久的关怀,包含个别照顾、体谅宽容等施恩行为。德行领导是指领导者展现较高的个人操守和道德品质,尤其是公私分明、以身作则等树德行为。如图 2-2 所示:

威权领导		敬畏顺从
—专权作风 　不愿授权 　下行沟通 　独享信息 　严密控制 —贬抑下属能力 　漠视建议 　贬抑贡献 —形象整饰 　维护尊严 　表现信心 　操控消息 —教诲行为 　要求高绩效 　斥责低绩效 　提供指导	←————→	—顺从行为 　公开附合 　不公开冲突 　不唱反调 —服从行为 　无条件接受指派 　忠于领导者 　信任领导者 —敬畏行为 　表现尊敬 　表现畏惧 —羞愧行为 　勇于认错 　聆听教诲 　改过善迁
仁慈领导		感恩图报
—个别照顾 　视为家人 　保障工作 　急难帮助 　整体照顾 　鼓励辅导 —维护面子 　避免羞辱 　预留余地	←————→	—感恩 　缅怀恩情 　感念领导者 —图报 　牺牲小我 　表现敬业 　符合期望 　勤奋工作
德行领导		认同效法
—公私分明 　一视同仁 　牺牲私利 —以身作则 　作为表率	←————→	—认同 　认同价值与目标 　内化价值与目标 —效法 　模仿领导者行为

图 2-2　家长式领导效能的产生与相应下属态度

图表来源：樊景立，郑伯埙（2001）家长式领导：再一次思考. 本土心理学研究，13：219—219.

根据仁慈领导、德行领导以及威权领导的三元框架，郑伯埙，周丽芳，樊景立（2000）开发出了目前影响力最为广泛的家长领导测量工具。

1）郑伯埙，周丽芳，樊景立（2000）开发的三元家长式领导量表，如表2-9所示：

表 2-9　郑伯埙,周丽芳,樊景立开发的三元家长式领导量表

维　度	序　号	题　项
仁慈领导	1	他关怀我私人的生活与起居
	2	他平常会向我嘘寒问暖
	3	对相处较久的部属,他会做无微不至的照顾
	4	他会根据我个人的需要,来满足我的要求
	5	他对我的照顾会扩及到我的家人
	6	他会帮我解决生活上的难题
	7	当我碰到难题时,他会实时给我鼓励
	8	当我工作表现不佳时,他会去了解真正的原因何在
	9	当我犯错时,他会给我改过的机会
	10	他不会当着同仁的面前,给我难堪
	11	对于我工作上所缺乏的能力,他会给予适当的教育与辅导
德行领导	12	得罪他时,他会公报私仇(R)
	13	他会利用职位搞特权(R)
	14	工作出纰漏时,他会把责任推得一干二净(R)
	15	他不会占我的小便宜
	16	他不会因个人的利益去拉关系、走后门
	17	他为人正派,不会假公济私
	18	他对待我们公正无私
	19	他是我做人做事的好榜样
	20	他能够以身作则

维　度	序　号	题　项
威权 领导	21	他要求我完全服从他的领导
	22	当我当众反对他时，会遭到冷言讽刺
	23	他心目中的模范部属必须对他言听计从
	24	本单位大小事情都由他自己独力决定
	25	开会时，都照他的意思作最后的决定
	26	他不把信息透露给我们知道
	27	他不让我们察觉他真正的意图
	28	在我们面前，他表现出威严的样子
	29	与他一起工作时，他带给我很大的压力
	30	他采用严格的管理方法
	31	当任务无法达成时，他会斥责我们
	32	他强调我们的表现一定要超过其他单位
	33	他遵照原则办事，触犯时，我们会受到严厉的处罚

量表来源：郑伯埙，周丽芳，樊景立（2000）.家长式领导量表：三元模式的建构与测量.本土心理学研究，14，3—64.

Aycan，Kanungo，Mendonca，Yu，Deller，Stahl，Kurshid 的家长式领导量表，如表 2-10 所示：

关于家长式领导的测量工具，另一个比较有影响的是 Aycan，Kanungo，Mendonca，Yu，Deller，Stahl，Kurshid（2000）对美国、加拿大、中国等 10 余国的跨文化的比较研究的基础上，建立了一个单维度的家长式领导测量工具，共有五题。在这之后，在一项关于土耳其的研究中，Aycan（2006）又提炼出家长式领导的二十一个条目，主成分因子分析得出五个因子，分别为在工作场所营造家庭氛围、同下属建立紧密和个人化的关系、关心员工工作外的生活、对忠诚的期望以及维持权威和等级。

表 2-10　Aycan, Kanungo, Mendonca, Yu, Deller, Stahl, Kurshid 开发的家长式领导量表

维　度	序　号	题　项
单维	1	理想的老板应该像父亲一样
	2	主管最了解什么是对他们的下属有益的
	3	经理应该为下属提供亲人般的指导与建议
	4	有权威的人应该像照顾自己的孩子一样照顾他们的下属
	5	主管的经验与智慧是下属最好的指引

量表来源：Aycan Z, Kanungo R N, Mendonca M, Yu K C, Deller J, Stahl G, Kurshid A,(2000). Impact of culture on human resource management practices：A 10-country comparison. *Applied Psychology：An International Review*，49(1)，192—221.

3)我国处级领导干部的品德结构

在中国大陆,以党政处级为研究对象,赵国祥,高冬东,李晓玉(2007)指出德行领导的品德应该包括:诚实正直、服务性、自律性、敬业性和包容性等五个方面。如表 2-11 所示:

表 2-11　赵国祥,高冬东,李晓玉开发的德行领导量表

维　度	序　号	题　项
诚实正直	1	说话算话,讲信用
	2	公平待人,不偏私
	3	原则性强,不因私废公
	4	言行一致,表里如一
服务性	5	把人民群众的利益放在首位
	6	工作以有利他人,方便他人为准则
	7	关心群众疾苦
	8	甘愿在工作中无私奉献
自律性	9	不见利忘义
	10	不以权谋私
	11	要求别人做到的,自己一定做到
	12	小事上也严格要求自己

续　表

维　度	序　号	题　项
敬业性	13	热爱本职工作,忠于职守
	14	勇于承担责任,敢于负责
	15	有高度的职业责任感和使命感
	16	勤勤恳恳,任劳任怨
包容性	17	能容纳别人的缺点
	18	不嫉贤妒能
	19	能接受别人的批评和建议

量表来源:赵国祥,高冬东,李晓玉(2007).处级干部领导品德结构研究,心理科学,30(3),702—704.

孙利平(2008)通过实证研究证明了德行领导的四个维度:遵守社会规范、正直廉洁、关心下属成长、仁厚诚挚等四个因子。社会规范是指鉴于领导对企业的重要作用,社会各界不仅仅希望企业领导能够遵纪守法、有高尚的职业操守,还希望其能具备较强社会责任感,为社会尽到应尽的义务。正直廉洁是企业和企业员工对领导的期望。关心下属成长也是德行领导的重要维度。关心下属成长是指提供下属成长的环境,为下属成长提供建议,宽容下属的错误等。德行领导仁厚诚挚这个维度体现企业的领导者"亲民"的态度。企业期望的领导者不是为我独尊,一人独大的指挥官,而是能够与员工相互交流,体恤下属,了解下属需求,尊重下属看法的领导者。

也有学者在家长式的基础上提出了领导者道德人品(Chinese Leader Moral Character,CLMC)这一概念,并提出领导者道德人品包括道德勇气、心胸开阔、廉洁不苟、诚信负责、公平负责五个维度(Wang,Chiang,Cheng,2011)。Wang在后续研究中指出领导者道德人品特征不仅仅出现于中国,在深受儒家以及家族主义影响的日本,深受儒家文化影响的泰国,受家族主义影响的墨西哥以及没有儒家主义以及家族主义的比利时中也同样存在(Wang,Chou,Cheng,2012)。

二、德行领导的效用

通过文献梳理,我们发现大部分的研究中德行领导是作为某一领导理论的其中一个维度出现的,例如 CPM 领导、家长式领导等研究。

在 CPM 领导的相关研究中,有研究指出领导的品质与道德对员工行为能够产生影响。王明杰(1995)在研究中指出领导的个人品质 C (Character,Moral)与工作态度关系不太明显,但能正向影响组织承诺、工作投入。林琼(2003)通过研究发现领导个人的优秀品质有助于增强员工对领导工作的信任以及对领导人品的信任。吕政宝,凌文辁(2012)在深化 CPM 领导理论的研究过程中发现了 CPM 领导对群体公民行为的作用机制;其中领导的个人品质 C 因子通过程序公正氛围和信任能够促进群体产生积极的组织公民行为。李明,凌文辁(2012)对信任上级的传导完全中介了领导的个人品质 C 因子对利他行为与工作投入的影响。也有学者比较了 CPM 领导理论中领导的三个维度 C 因子、P 因子和 M 因子对员工影响的效用大小,并发现 C 因子在该领导模型中处于核心地位。

李明,凌文辁(2011)通过优势分析法发现 C 因子领导个体品德对下属行为态度的作用效果最强。李明,凌文辁,柳士顺(2012)通过典型相关分析法指出 C 因子领导品德对和谐组织的作用效果大于 M 因子团队维系以及 P 因子团队维系对和谐组织的作用效果。不仅如此,C 因子领导品德还能增强团队维系与团队维系对和谐组织的作用效果(李明,凌文辁,柳士顺,2013)。

在家长式领导理论的研究中,学者们经过实证研究普遍认同德行领导对员工的工作态度,例如组织承诺、员工满意度、角色内绩效等,对工作行为,例如组织公民行为、角色内绩效,有积极的正向促进作用。在深入研究作用机理的过程中,学者发现对上级的认同与效法能够中介德行领导对下属产生的影响(郑伯埙,樊景立,2000);而员工组织支持感也能中介德行领导对员工满意度产生的影响(林声洙,杨百寅,2013)。此外,德行领导对建言行为也有正向的促进作用(段锦云,2012)。德行领导不仅能够在个体层面对员工的行为态度产生影响;在团队层面上,德行领导有助于增强团队的效能(陈璐,井润田,杨百寅,2010);在组织层面上,德行领导有助于增强组织学习(于海波,郑晓明,李永瑞,2009)。在组织层面上,于海波,郑晓明(2012)也指出可以通过战略性培训、薪酬管理等方式,传导德行领导对组织学习的作用。也有一些学者发现德行领导居于家长式领导的核心地位。在回归方程预测时,德行领导对领导认同的回归系数高于威权领导与仁慈领导(Farh,Cheng,Chou,Chu,2006)。也有研究发现德行领导对员工的态度,例如工作满意度与组织承诺的作用效果明显高于其他两者(郑伯埙,冷元红,2006)。在变革型领导理论中,有学者指出德行垂范维度通过员工的工作满意度以及组织承诺来正向影响工作意义(李超平,田宝,时勘,2006)。另外,陈璐,杨百寅,井润田(2012)认为德行领导对团队凝聚力有明显的正面影响。周浩,龙立荣(2005)的研究结果发现德行领导对于部属的组织公正感具有显著的积极影响。鞠芳辉,万松钱(2008)的研究认为德行领导主要是通过提高员工的工作满意度,而对企业静态绩效产生作用。

也有研究者将德行领导作为单独的领导风格。彭诗雯(2005)通过实证研究发现德行领导能够促进员工满意度和员工的忠诚度,同时能够抑制员工的离职倾向。在作用机制上,彭诗雯发现主管承诺中介了德行领导对员工组织忠诚度的作用。施孝龙(2009)以医院的员工作为调查对象发现:德行领导能够正向促进下属的利他行为、人际间和谐以及保护组织资源。

也有学者发现德行领导能够有效地调节企业伦理气氛对员工越轨行为的抑制作用(廖韵淳,2010)。Li,Wu,Johnson,Wu(2012)探索了德行领导作用的心理机制;他发现心理授权和对主管的信任中介了德行领导对员工工作绩效的正向作用。在德行领导对员工心里授权作用机制的探讨中,还有一些学者发现了公平的重要作用;并指出程序公平和互动公平中介了德行领导对员工心里授权产生的影响(Li,Wu,Johnson,Wu,2012)。在绩效方面,有学者分别探究了德行领导与员工角色内绩效与角色外绩效的关系。研究发现德行领导有助于增强员工的角色内绩效;在变革型领导行为的调节作用下,德行领导显著增强了员工的角色外绩效(Schuh,Zhang,Tian,2013)。尽管上述研究中把德行领导作为一个独立的变量进行研究,但绝大部分使用的测量工具仍然是家长式领导量表中的德行领导分量表。随着对德行领导研究的不断深化,开发成熟的德行领导量表将是德行领导未来研究的趋势之一。

总的看来,许多研究虽然并没有单独使用德行领导这一变量,但德行这一因素在所研究的领导风格的有效性中起到十分重要的作用。如若去掉与德行领导相关的维度,模型能否成立就会有待商榷。此外德行领导具有深厚的文化底蕴和儒家思想。因此将德行领导作为单独的领导风格去研究它的作用效果和作用方式是对中国传统文化的继承与沿袭,也是当前学术研究的大势所趋。

第三章 伦理型领导、心理安全感与员工创造力:与上下级关系的作用①

[本章导读]

本章为探讨伦理型领导通过企业组织中员工的心理安全感进而影响创造力的实证研究。因为创新具有风险性,因此,员工创新创造的前提之一就是要有比较高的心理安全感,否则员工在面临创新情境时,会选择不创新以确保安全。伦理型领导是如何影响员工的心理安全感从而促使员工创新的?为回答这一问题,本章主要基于认知评价理论,以上下级配对的 328 组员工为样本,探讨了伦理型领导与员工创造力的关系,及心理安全感上下级关系在这一关系中的作用。得出的结论如下:伦理型领导与员工心理安全感正相关;上下级关系与伦理型领导的交互作用,强化了员工的心理安全感;心理安全感中介了伦理型领导与上下级关系的交互作用对员工创造力的影响;上下级关系调节了心理安全感对伦理型领导与创造力关系间的中介作用。除了一般的研究结论之外,研究也发现即使以公正号称的伦理型领导,在中国这一特定文化土壤中,也有和员工建立比较密切的私人关系以提高其管理效能的情况发生。

第一节 问题的提出

企业源源不断的创造力是企业得以在动态的竞争环境中生存的原动力,而员工是组织创新能力的微观基础,如果员工没有创造力,就意味着组织失去了持续创新的原动力,从而使组织在竞争中失败。因此,如何有

① 本章的主体内容曾发表于心理科学 2015 第 2 期。

效激发员工的创造力,使员工心甘情愿地为实现组织战略目标而努力,不仅是每一个组织管理者都面临并且要着力解决的挑战,也是学者们持续关注并力求解决的问题。

创造力(Creativity)一词源于拉丁语"creare",意为创造、创建、生产和造就。有关创造力的研究,最早可以追溯到20世纪以前,而真正学科意义上的创造力研究则一般被认为始于1950年美国心理学家Guilford在就任美国心理学会会长时发表的《论创造力》的演讲,但直到20世纪80年代,研究者才从社会心理学的视角研究创造力。

从社会心理学的角度来说,影响员工创造力的因素主要有组织情境因素和个体因素两类。创造力的研究具有悠久的心理学传统,但组织情境中的员工创造力则是一个较新的研究领域(周浩,龙立荣,2011)。领导一直被认为是影响员工创造力重要的组织环境因素,其通过多种方式对员工的创造力直接施加影响(Zhang,Bartol,2010)。但Carmeli,Reter-Palmon,Ziv(2010)指出,先前关于领导与员工创造力的研究,大多局限于领导因素对员工创造力的直接作用,而领导对员工创造力的影响应该是一个复杂的过程,因此对领导与员工创造力关系间的中介及调节机制的研究需要引起关注,近期的研究也逐渐把注意力转移到了领导因素对员工创造力的间接影响。国内的研究者也支持了这一观点(魏峰,袁欣,邸杨,2009;张鹏程,刘文兴,廖建桥,2011;张素雅,顾建平,2016)。

为了弥补当前研究的不足,本文采用有中介的调节设计,期望探讨中国组织情景下伦理型领导对员工创造力影响的机制问题。本文将从以下三个问题着手来实现这一研究目标。第一,领导在组织中的地位决定了其对员工有重要的影响。但何种类型的领导会有助于提升员工创造力,目前仍处于探索阶段(魏峰,袁欣,邸杨,2009;Zhang,Bartol,2010;张鹏程,刘文兴,廖建桥,2011)。近年来企业的丑闻频发,管理者的道德伦理问题逐渐成为关注的焦点。一方面,伦理型领导因为兼具了多种类型领导的特征(Kalshoven,Hartog,Hoogh,2011),比如伦理型领导具备真诚型、变革型及灵性领导的特征,另一方面,伦理型领导响应了时代的要求,因此成为近年来颇受关注的研究概念。那么伦理型领导对员工创造力会产生何种影响?第二,一个有意思的问题是,伦理型领导被认为注重公平,不会区分圈内人与圈外人(Resick,Martin,Keating,Dickson

Kwan，Peng，2011)。而在中国情景组织中，基于私人情感的上下级关系对员工心理与行为具有重要影响(王忠军，龙立荣，刘丽丹，2011)。并且由于中西方文化的差异，华人组织的领导类型与管理方式是与西方的有别，领导行为对员工创造力的影响及其机制也是有所不同(Zhou，2010)。也就是说即使是伦理型领导也难免会因为上下级关系的不同对员工的心理活动产生影响。那么中国情景组织中伦理型领导如何对员工创造力产生影响？伦理型领导为何能影响员工创造力？上下级关系与伦理型领导是否会产生交互作用，从而影响员工的创造力？这些问题有其独特的文化意涵，需要进一步的深入探讨。第三，创造性活动是有风险的，较高的心理安全感是员工高创造力的前提条件之一(Zhou，1998)。那么，伦理型领导与上下级关系的交互作用是否以员工的心理安全感为传导机制？这一系列问题可以为目前急于寻求创新突破的中国组织管理者提供一条有益的思考路径，也构成了本文的研究初衷。

一、伦理型领导与心理安全感

伦理型领导是指领导者在组织管理过程中，展现高的伦理行为，并通过组织中的沟通强化机制和决策制定来激发下属同类行为的领导(Brown，Treviño，Harrison，2005)。它同时具备多种类型领导的特征(Kalshoven，Den，Hartog，Hoogh，2011)，包括体谅和尊重他人、公平、品性、集体导向及开放和灵活等(Resick，Martin，Keating，Dickson Kwan，Peng，2011)。与真诚型、变革型及灵性领导等相比较，伦理型领导与这些领导都关心他人、正直及为员工树立典范，只是伦理型领导更加强调伦理的标准和道德的管理。研究结果表明，伦理型领导对下属的工作结果具有正向促进作用(Kalshoven，Den，Hartog，Hoogh，2011)，伦理型领导会促使员工产生更多的组织公民行为、员工满意度以及员工创造力(芦青，宋继文，夏长虹，2011；Dijke，Cremer，Mayer，Quaquebeke，2012；Chen，Hou，2016)；而对组织中的不道德行为及人际冲突等消极现象具有抑制作用(Mayer，Aquino，Greenbaum，Kuenzi，2012)，如研究表明伦理型领导可以抑制反生产行为(张永军，2015)。

对于"心理安全感"含义的讨论，最早来自Schein，Bennis(1965)，他们指出员工的心理安全感越强则越有利于组织进行变革，因此关于心理安全感的最早讨论来自组织变革领域。目前对于员工心理安全感的研究主要有三个层次，分别是个体层面、团队层面和组织层面。本文从个体层面来研究员工的心理安全感，个体层面的心理安全感是指个体自我认知和内部心理状况的综合体，并且会对员工的工作动机和心理产生重要的影响。具体来说心理安全感是使员工自由表达真实想法和观点，而无须担心这类行为会影响到其在组织中的形象或者发展的心理感知（Kahn，1990）。较高的心理安全感是员工高创造力的前提之一（Zhou，1998）。组织中的各种因素，如人和制度等均会不同程度地影响员工的心理安全感知水平。而在这些因素中，鉴于在组织中的地位和发挥的作用，组织领导无疑会在员工心理安全感的形成和变化过程中扮演关键的角色。已有的研究表明，组织中的人际信任与支持能够显著地增强组织中员工的心理安全感（Kahn，1990；Carmeli，Brueller，Dutton，2009），具体而言，当组织中的人际关系较好时，员工感知到的心理安全感也就越强。

根据伦理型领导的内涵，我们认为伦理型领导将有助于增强下属的心理安全感。首先，伦理型领导在组织中对员工的管理是依据规章制度而非个人意志，伦理型领导通过规章制度使员工能够预先了解组织的要求，从而给员工更高的稳定感与安全感。其次，伦理型领导能体谅和尊重员工，能够理解员工的需求，并给予充分的关注及积极的响应。伦理型领导对员工的关心与尊重会增加员工心理安全感知。第三，伦理型领导在组织中公平对待所有人。而组织内的公平被认为是提高员工心理安全感知水平的重要途径（Loi，Lam，Chan，2012）。第四，伦理型领导具有诚实的品性，值得员工依赖。而这种对领导的心理依赖感又与心理安全感紧密相连（张鹏程，刘文兴，廖建桥，2011）。最后，伦理型领导对组织内的不同声音持开放性态度。对新事物新观点开放的态度，使员工的心理安全感得以提升（Edmondson，1999）。总之，根据认知评价理论，伦理型领导所呈现的高水平伦理的行为，可以更好地满足下属的内在心理安全的需要，进而员工具有较高的心理安全感知。根据以上分析，本文提出如下假设：

假设1：伦理型领导与员工的心理安全感正相关。

二、上下级关系的调节作用

在中国文化中，"关系"一词被广泛地用来描述人际关系，是人与人社会交互中的重要纽带，也是中国社会的核心（Yang，2001）。在中国社会中，关系存在于多层运行模式中，不同关系的组成形式基于不同文化、动机和潜在价值的人际交互过程来建立（Bian，1994；Fan，2002）。例如，Buttery，Wong（1999）认为关系由人与人之间的信任和相互责任所构成，Su，Littlefield（2001）认为关系的概念包括了兄弟情谊和互惠。

Chou，Han，Zhang（2014）指出，基于认识论，中国情境下的关系可以从两个不同的角度来研究。第一个角度是基于二元理论，即把关系定义为两个个体之间社会资源的相互交换。根据二元理论可以把关系分为几个类别，如家庭关系（如血缘），朋友关系（如友谊），正式关系（如上级和下属的合同关系）等。第二个角度是单一的关系观点，即把关系定义为个体主观评价个人行为以及感知和他人的社会联系质量（如上级和下属的非正式关系）。在组织学中，关系指下属和他或她直接主管之间的关系。本研究采用研究关系的第二个视角，即关系的单一视角，专注于下属感知的上下级关系。这一上下级关系可以被定义为领导与下属在工作范围之外的、非正式的私人关系（Law，Wong，Wong，Wong，2000）。一些研究也表明上下级关系对下属的行为结果有潜在的影响。例如，Cheung，Wu，Chan，Wong（2009）的研究表明上下级关系影响了下属的离职意愿以及组织承诺。Wei，Liu，Chen，Wu（2010）发现上下级关系影响下属的职业发展。Chen，Friedman，Sun（2011）进行了多层分析，调查了关系和组织裁决之间的关系。特别的是，他们的研究表明，管理者人际层关系对于下属感知到的公平有积极的影响。于桂兰，付博（2015）的研究表明上下级关系质量影响了工作满意度在组织政治知觉与离职倾向之间所起的中介作用。

中国情境下的上下级关系类似于西方文献中的领导与成员交换关系（LMX）。领导与成员交换关系理论认为，由于领导人的时间、关注、和资源有限，他们通常会给不同下属分配角色，并且用不同的方式来对待他们（Dienesch，Liden，1986；Graen，Uhl-Bien，1995）。领导与成员交换关系通常是领导通过发起一系列决策过程而展开的，如委托责任，将具有挑战性的任务分配给所有下属和给表现好的员工选择性地提供更多的支持（Graen，Scandura，1987；Graen，Uhl-Bien，1995）。随着时间的推移，这些连续的授权表现相互作用，使得上级和下属相互尊重、信任，双方之间形成义务，创建高质量领导与成员交换关系（Bauer，Green，1996）。诚然，领导与成员交换关系可能部分受到非工作相关的因素，如个人的喜好的影响（Huang，Wright，Chiu，Wang，2008；Zhou，Schriesheim，2010）。然而，领导与成员交换关系的发展是基于工作关系而不是个人或友谊关系（Graen，Uhl-Bien，1995）。

尽管领导与成员交换关系和上下级关系相似，他们都研究上级和下属的垂直关系，但他们代表了这种关系的两个不同方面。即上下级关系建立基于人际关系连接，开发工作以外的领域，而领导与成员交换关系主要开发工作内的领域。Pearce，Dibble，Klein（2009）推测国家意识形态影响组织管理实践，由于西方发达国家和东方发展中社会固有的社会形态和组织形式不同，导致了两个结构之间的明显的差异。在西方组织中员工的工作生活和个人生活分离，员工主要依靠和主管工作中的交流把事情做完（Chen，Yu，Son，2014；Coates，Pellegrin，1957；Farh，Earley，Lin，1997；Khatri，Tsang，2003）。在西方，组织、规章制度已经制度化，以确保公司不会因为不同个体而歧视员工。但中国情境中的上下级关系是指领导与下属之间的人际关系，这种人际关系是基于工具性连带和情感连带形成的熟人连带，其交换原则是人情法则，并且包含了工作之外的情感互动、责任认知与私人交往。在华人组织中，员工通过工作之外的社会交往与上级建立并发展人际关系，进而影响工作中的互动。由于领导在工作和生活层面均会对员工产生一定的影响，在员工人际关系中上下级关系无疑是最为关键的部分。因此，与"关系"相比，领导与成员交换关系（LMX）是由与工作相关的互动发展而来的，反映的是领导与下属之间的工作关系质量，并以任务为导向，遵循公平法则，通常仅仅限制在工作场所中。

西方文化背景下的研究认为，伦理型领导会平等对待下属，不区分圈内与圈外人（Resick，Martin，Keating，Dickson Kwan，Peng，2011）。与西方不同，中国员工普遍重视与领导及同事建立并维持良好的私人关系，而处理并维护好与下属的关系也是管理者有效管理的关键要素（Law，

Wong,Wong,Wong,2000)。正如 Zhang,Keh(2010)所指出的,即使基于规则的管理在中国越来越得到重视,但关系的重要性仍然占据主导地位。上下级关系反映的是领导与下属在工作范围之外的、非正式的私人关系(Law,Wong,Wong,Wong,2000),是区分圈内与圈外人的重要标志。在中国背景下,高质量的上下级关系能带来更多的晋升和报酬等(王忠军,龙立荣,刘丽丹,2011;Law,Wong,Wong,Wong,2000)。另外早期的研究也表明当领导是员工的圈内人士而不是圈外人士时,领导表现出来公平对待员工的行为会影响组织成员的自我身份感知(Smith,Tyler,Huo,Ortiz,Allan,1998)。那么,中国组织中普遍存在的"关系"这一现象,在伦理型领导对员工创造力造成影响的机制中承担着什么样角色?

根据上下级关系的内涵及以往该领域的研究,我们认为高质量上下级关系会有助于员工心理安全感的提升。首先,高质量的上下级关系是决定"圈内人"身份的重要标准(Cheng,Farh,Chang,Hsu,2002)。根据需求层次理论,个人会根据其安全需要参加某个团体,以求得安全感。其次,与上级关系水平较高的员工会获得更多的资源和信息等(Law,Wong,Wong,Wong,2000)。例如,与领导关系好的员工常常提前掌握了其他员工无法获得的"内部消息",从而当状况发生改变时,其已有良好的心理准备,因而具有更高的心理安全感。再次,与上级关系好的员工会获得更多的发展机会(王忠军,龙立荣,刘丽丹,2011),从而增加员工的心理安全感。

社会交换理论认为,人类社会的交换行为包括工具性和情感性资源交换。前者是满足交换对象经济需要的主要手段,而后者主要满足交换对象的情感性需要。在中国组织中,下属除了工作上的努力付出以外(满足工具性需要),发展与上级密切的私人关系的作用更不容忽视(满足情感性需要)(王忠军,龙立荣,刘丽丹,2011)。已有研究表明高质量的上下级关系意味着下属能获得更多的晋升机会、奖金分配和工作安排(Law,Wong,Wong,Wong,2000),这些会使得员工感到自己被组织所接受;同时高质量的上下级关系也意味着主管会为下属提供额外的帮助、支持及资源的分配(刘军,宋继文,吴隆增,2008),这些额外的优待会使得员工获得更多的个人空间。

已有研究表明，高水平的伦理型领导，会让员工产生更多的组织公民行为、员工满意度以及员工创造力（芦青，2011）。伦理型领导被认为是注重公正，但在中国文化背景下，基于私人感情的上下级关系会对员工的心理和行为有巨大影响（王忠军，龙立荣，刘丽丹，2011），这说明即使是伦理型领导也难免会因为上下级关系的不同而对员工的心理安全感产生影响。在组织中，员工通过工作中与领导的正式关系实现了工具性资源需要的满足，通过高水平的上下级关系满足了情感性需要。从领导发挥其效能的作用过程来看，伦理型领导对下属往往需要一手运用工具性资源，一手运用情感性资源，这两者一刚一柔，在组织管理过程中交互运作，相得益彰，从而更好地影响下属的心理与行为。因此，我们推测，当上下级关系水平较高时，伦理型领导与员工的心理安全感间的关系更紧密，即高水平上下级关系与伦理型领导产生交互作用，强化了伦理型领导对心理安全感的正向关系。提出如下假设：

假设 2：上下级关系调节了伦理型领导与心理安全感的正相关关系。上下级关系水平越高，伦理型领导与员工的心理安全感关系越强。

三、心理安全感的中介作用

员工创造力是组织中的员工针对工作产生新的、切实可行的想法或者解决问题的思路（Amabile，Conti，Coon，Lazenby，Herron，1996）。认知评价理论认为，情景因素与个体行为的关系并不是简单的"刺激——反应"范式，而是情景因素要经过个体认知评价这一心理加工过程之后，才会产生相应的行为。基于认知评价理论，Shin，Zhou（2003）发现员工的内部动机这一心理因素中介了变革型领导对员工创造力的影响。他们呼吁应更多从心理因素的角度对领导与员工创造力影响的复杂机制进行研究。

伦理型领导对员工行为的影响可以从社会学习理论的角度来解释。根据社会学习理论，员工通过观察其他组织中其他同事被奖励或被处罚的情况来了解自己在组织中被接受的情况，从而调整自己的行为。伦理型领导主要通过两条途径对员工的行为产生影响。第一，员工通过直接学习来效仿伦理型领导。伦理型领导注重公平、正直、言行一致，具有很高的伦理意识，并在工作中践行自己的道德准则，因而伦理型领导具有积极的角色模范作用。员工通过观察伦理型领导的行为和学习伦理型领导的伦理准则，便不会在工作中产生造假、偷懒或挪用公司资产等不道德行为。第二，员工通过观察同事行为被奖励或被处罚的情况来调整自己的行为。伦理型领导会设置一系列的伦理和道德准则，并且伦理型领导会要求员工对自己的行为结果负责。对于符合伦理的行为，伦理型领导会对员工进行奖励从而达到强化的目的，而对于不符合伦理规范的非伦理行为，伦理型领导会对员工进行严厉的处罚，以达到制止非伦理行为的目的。通过观察伦理型领导奖罚身边同事行为的情况，出于理性的考量，员工也会减少自己的反生产行为。研究表明，当团队成员对他们的领导足够信任，他们更愿意遵循伦理程序和任务风险（Hoyt，Price，Poatsy，2013）。如果员工感知到他们领导者是缺乏伦理的，他们更会在工作场所中变得紧张、压力和沮丧，也更会展现出反生产行为，比如在解决任务时作弊，从而会减少工作产出（Ariely，2012；Detert，Treviño，Burris，Andiappan，2007；Gino，Ariely，2012；Hoyt，Price，Poatsy，2013）。但伦理型领导对于员工创造力产生影响是一个复杂过程，并不是直接对员工创造力产生影响的，我们推测伦理型领导通过影响员工的心理安全感对员工创造力产生影响。

如前所述，心理安全感是个体对组织工作环境外部刺激的评估的结果，是员工创造力的必备心理条件之一。对创造力而言，员工只有在保障安全的前提下才会做出有更高抱负以及风险更大的行为，换句话说，员工只有在他们感觉安全的环境下才会激发出个人的创造力。较高的心理安全感有助于提高创造力的意愿，这在以往研究中得到了充分的重视（Edmondson，1999；Kessel，Kratzer，Schultz，2012）；而缺乏安全感会对员工创造力造成消极影响（张鹏程，刘文兴，廖建桥，2011；周浩，龙立荣，2011）。

研究显示，除非员工对工作环境感觉到安全、放松，否则积极的环境因素并不能直接转化为员工的工作绩效。先前的一系列研究支持了心理安全感在组织情景因素与员工工作结果之间的中介作用。例如，心理安全中介了包容性领导与员工创新性工作的卷入程度（Carmeli，Reter-Palmon，Ziv，2010）、支持型领导与团队学习行为（Edmondson，1999）及魅力型领导与员工创造力（张鹏程，刘文兴，廖建桥，2011）之间的关系。

创造性活动意味着挑战传统权威，甚至可能打破企业原本的规章制度建立新的规则体系，这样的创造性活动必定会损害一些人的利益，从而产生强烈的反对声并且把矛头指向提出者，因此员工的创造性具有一定的风险性。根据认知评价理论，在员工的创造性活动面临着一定的风险时，员工只有在对环境进行评价后，认为创造性活动不会带来不安全的后果时，才会表现出较高的创造性。我们推测，伦理型领导注重公平，他们所创造的积极组织环境，经由员工的自我认知评价，满足了下属的心理安全需要，进而促进其创造力水平的提升。据以上分析，并结合假设 1 与假设2，本文提出如下假设。

假设 3a：心理安全感中介了伦理型领导与上下级关系的交互作用对创造力的影响。

假设 2 和假设 3a 进一步揭示为有中介的调节作用模型。具体而言，心理安全感中介了伦理型领导对下属创造力的影响。并且，该中介作用的大小取决于下属对上下级关系的感知。在上下级关系水平较高的情景下，高水平的上下级关系与伦理型领导产生交互作用，从而对下属的心理安全感影响较大，进而较高地提升了下属的创造力。但当上下级关系水平较低时，由于伦理型领导单独对心理安全感施加影响，影响水平较低，伦理型领导对其下属创造力的效应较少地通过心理安全感来传导。基于此，我们提出有中介的调节作用假设。

假设 3b：上下级关系调节了心理安全感在伦理型领导与创造力间的中介作用。上下级关系水平越高，心理安全感在伦理型领导与员工创造力之间关系的中介作用越强。

综上所述，本研究的框架模型如图 3-1 所示。

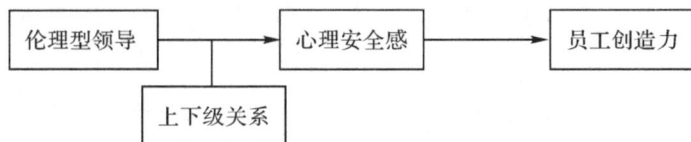

图 3-1　研究框架图

第二节 研究方法

一、取样与数据收集

为降低共同方法偏差对研究结果带来的影响，我们采取了不同源评价的方法。伦理型领导、心理安全感及上下级关系采用员工自评的方式，创造力由员工的直接上级评价。为了降低问卷填写人的顾虑，领导问卷与员工问卷均为匿名填写。在问卷发放时，一个小信封封面贴有领导问卷的字样，该信封中装有若干份对员工创造力评价的问卷。另外有若干只已编号小信封装的均是员工问卷，在信封封面贴有问卷填写说明及回收注意事项。在领导问卷信封的封面，通过指导语要求该领导每份问卷中填写领取员工问卷对应的编号，以完成配对。信封封口上都贴有双面胶，问卷填好后，填写人把问卷装入信封中，并用双面胶封口，以确保任何人都看不到问卷填写情况。然后交给回收问卷的联系人。

在浙江地区发放问卷400份，回收380份（回收率95%），剔除缺失数据过多、重复作答严重及无法配对等无效问卷后，得到有效问卷328份（有效率82%）。如表3-1所示：

表3-1 样本的描述性统计结果

调查项目		样本数量	样本所占比（%）
性别	男	157	47.9
	女	171	52.1
年龄	20岁及以下	5	1.6
	20—25岁	63	19.2
	>25—30岁	130	39.6
	>30—35岁	60	18.3
	35岁以上	70	21.3

调查项目		样本数量	样本所占比（%）
工龄	3 年及以下	106	32.3
	3—6 年	76	23.2
	＞6—9 年	60	18.3
	＞9—12 年	35	10.7
	12 年以上	51	15.5
教育程度	初中及以下	24	7.3
	高中	66	20.1
	大专	131	39.9
	本科	99	30.2
	研究生及以上	8	2.5
月收入	3 000 元	60	18.3
	大于 3 000—5 000 元	135	41.2
	大于 5 000—7 000 元	73	22.3
	大于 7 000—9 000 元	27	8.2
	大于 9 000 元	33	10.0

样本量基本符合研究的要求。男性 157 人（47.9%），女性 171 人（52.1%）；年龄在 20 岁及以下有 5 人（1.6%），20—25 岁有 63 人（19.2%），年龄以 25—30 岁为主有 130 人（39.6%），30—35 岁有 60 人（18.3%），35 岁以上有 70 人（21.3%）；工龄以 3 年以下（32.3%）及 3—6 年（23.2%）为主，工龄在 6—9 年的有 60 人（18.3%），在 9—12 年的有 35 人（10.7%），在 12 年及以上有 51 人（15.5%）。教育程度在初中及以下有 24 人（7.3%），高中 66 人（20.1%），大专 131 人（39.9%），本科 99 人（30.2%），研究生及以上 8 人（2.5%）。月收入在 3000 元以下的有 60 人（18.3%），大于 3000 小于等于 5000 元的有 135 人（41.2%），大于 5000 小于等于 7000 元的有 73 人（22.3%），大于 7000 小于等于 9000 元的有 27 人（8.2%），大于 9000 元的有 33 人（10.0%）。

二、研究问卷

伦理型领导采用 Brown，Trevino，Harrison(2005)的 10 题单维伦理型领导量表。用 Likert 5 点计分法，即"1＝完全不符合，5＝完全符合"。低分代表低伦理水平，高分代表高伦理水平。样题如"我的领导给我们树立了如何有道德地处理事情的榜样"，具体的题项如表 3-2 所示。本研究中伦理型领导量表的 α 系数为 0.90。

表 3-2　伦理型领导的测量题项

维　度	序　号	题　项
单维	1	我的领导总能听取下属的意见
	2	我的领导会惩罚违反道德标准的下属
	3	生活中,我的领导总是遵守道德规范
	4	我的领导总是关心下属的最大利益
	5	我的领导总是做出公平、公正的决策
	6	我的领导是个值得信赖的人
	7	我的领导会和我们一起讨论价值观和商业道德问题
	8	我的领导给我们树立了如何有道德地处理事情的榜样
	9	我的领导界定成功,不仅看结果,还会考虑获得结果的过程
	10	我的领导在做决策时经常会问:"怎样做才是正确的?"

上下级关系采用 Law，Wong，Wong，Wong(2000)的 6 题单维中国情境下的上下级关系量表。用 Likert 5 点计分法，即"1＝完全不符合，5＝完全符合"。低分代表低关系，高分代表高关系。样题如"我总是和领导分享我的想法问题及感情方面的事情"，具体的题项如表 3-3 所示。本研究中上下级关系量表的 α 系数为 0.81。

表 3-3　上下级关系的测量题项

维　度	序　号	题　项
单维	1	在工作之余,我会给领导打电话或者去拜访他
	2	领导会邀请我去他家吃饭
	3	在某些特殊的日子(如领导生日),我一定会带着礼物去拜访他
	4	我总是和领导分享我的想法、问题及感情方面的事情
	5	我很关心和理解领导的家庭及工作情况
	6	当观点发生冲突时,我将毫不犹豫地站在领导一边

心理安全感采用 Liang，Farh，Farh(2012)的 5 题单维心理安全感量表。用 Likert 5 点计分法,即"1＝完全不符合,5＝完全符合"。低分代表低心理安全感水平,高分代表高心理安全感水平。样题如"在本单位,我可以自由地表达想法",具体的题项如表 3-4 所示。本研究中心理安全感量表的 α 系数为 0.78。

表 3-4　心理安全感的测量题项

维　度	序　号	题　项
单维	1	在本单位,我可以表达真实的工作感受
	2	在本单位,我可以自由地表达想法
	3	在本单位,我担心表露真实想法会对自己不利
	4	在本单位,即使我有不同意见,也没有人故意针对我
	5	本单位提倡大家表达自己的真实感受

员工创造力采用 Farmer，Tierney，Kung-McIntyre(2003)的 4 题单维创造力量表。用 Likert 5 点计分法,即"1＝完全不符合,5＝完全符合"。低分代表低创造力水平,高分代表高创造力水平。样题如"他/她能寻找新方法或途径去解决问题",具体的题项如表 3-5 所示。本研究中员工创造力量表的 α 系数为 0.86。

表 3-5　员工创造力的测量题项

维　度	序　号	题　项
单维	1	他/她会优先尝试新观念或新方法
	2	他/她会寻找新方法或途径去解决问题
	3	他/她会产生与领域相关的突破性想法
	4	他/她是一个好的员工创造性的榜样模型

三、数据处理

数据全部录入计算机,运用 SPSS 13.0 及 AMOS 7.0 进行数据处理,主要采用相关分析及多元回归分析的方法。

四、量表的信度和效度分析

效度即问卷的有效性,是反映问卷能否准确测量出所需测量事物的指标。效度检验总共分为如下两步:

(1)首先运用 SPSS16.0 计算问卷的 Bartlett 球形检验值和 KMO 值,来判断样本数据是否能作因子分析,当 KMO 大于 0.7,则比较适合做因子分析;Bartlett 球形检验值是用于检测问项间相关系数是否显著的指标,如果显著(sig.<0.05),则适合做因子分析。

(2)运用因子分析法来测量问卷的结构效度,用累积贡献率来反映,若其达到 60% 以上,表示共同因素对的累积有效程度是可靠的。

1.伦理型领导的信度与效度分析

首先,对伦理型领导进行可信度检验,结果如表 3-6 所示。可见,每个题项的纠正条款总相关系数(CITC)均大于 0.3,各个显变量的条款删除之后的 Cronbach's α 系数均大于 0.5,以及整个量表的 Cronbach's α 系数也都大于 0.6,这表明了伦理型领导的量表具有较好的信度。

表 3-6　伦理型领导的信度检验（N＝328）

变量	题项	CITC	删除该题项后的 Cronbach's α 系数	变量的 Cronbach's α 系数
伦理型领导	伦理型领导 1	0.650	0.897	0.905
	伦理型领导 2	0.467	0.908	
	伦理型领导 3	0.665	0.896	
	伦理型领导 4	0.700	0.894	
	伦理型领导 5	0.752	0.890	
	伦理型领导 6	0.757	0.890	
	伦理型领导 7	0.662	0.896	
	伦理型领导 8	0.794	0.888	
	伦理型领导 9	0.682	0.895	
	伦理型领导 10	0.534	0.905	

接下来，对伦理型领导量表进行 KMO 和巴特利球形检验，结果如表 3-7 所示。一般而言，只有当 KMO 值超过 0.7 并且巴特利球形检验的显著性小于 0.05 时，量表的数据才适合进行因子分析。从表 3-7 可见，伦理型领导的 10 道测量题项的近似卡方为 1 718.619，自由度为 45，KMO 值为 0.926，高于标准 0.7，即巴特利球形检验的显著水平（p＜0.001），这说明了伦理型领导的样本数据适合做探索性因子分析。

表 3-7　伦理型领导量表的 KMO 和巴特利球形检验（N＝328）

KMO 值	近似卡方	自由度	显著性检验
0.926	1 718.619	45	0.000

接着采用主成分分析法对伦理型领导进行探讨性因子分析，结果如表 3-8 所示。提取了 1 个特征值大于 1 的因子，且这个因子的总方差解释量为 55.169％，大于 50％，可接受。

表 3-8　伦理型领导因子分析的解释总方差（N＝328）

成份	初始特征值			提取平方和载入		
	合计	方差的%	累积%	合计	方差的%	累积%
伦理型领导 1	5.517	55.169	55.169	5.517	55.169	55.169

续　表

成份	初始特征值			提取平方和载入		
	合计	方差的%	累积%	合计	方差的%	累积%
伦理型领导 2	0.892	8.923	64.092			
伦理型领导 3	0.759	7.588	71.680			
伦理型领导 4	0.550	5.502	77.182			
伦理型领导 5	0.520	5.195	82.377			
伦理型领导 6	0.451	4.510	86.887			
伦理型领导 7	0.446	4.462	91.349			
伦理型领导 8	0.363	3.628	94.977			
伦理型领导 9	0.274	2.742	97.719			
伦理型领导 10	0.228	2.281	100.000			

2.员工创造力的信度与效度分析

首先,对员工创造力进行可信度检验,结果如表 3-9 所示。表 3-9 表明员工创造力的各个显变量的纠正条款总相关系数(CITC)均大于 0.3,各个显变量的条款删除之后的 Cronbach's α 系数均大于 0.5,以及整个量表的 Cronbach's α 系数也都大于 0.6,这表明了员工创造力的量表具有较好的信度。

表 3-9　员工创造力的信度检验(N＝328)

变量	题项	CITC	删除该题项后的 Cronbach's α 系数	变量的 Cronbach's α 系数
员工创造力	员工创造力 1	0.658	0.830	0.854
	员工创造力 2	0.724	0.803	
	员工创造力 3	0.710	0.808	
	员工创造力 4	0.691	0.816	

接下来,对员工创造力量表进行 KMO 和巴特利球形检验,结果如表 3-10 所示。一般而言,只有当 KMO 值超过 0.7 且 Bartlett 球形检验的显著性小于 0.05 时,量表的数据才适合进行因子分析。如表 3-10 所示,员工创造力的 4 道测量题项的近似卡方为 575.926,自由度为 6,KMO 值为 0.739,高于标准 0.70,巴特利球形检验的显著水平(p＜0.001),这表明员工创造力的样本数据适合做探索性因子分析。

表 3-10　员工创造力量表的 KMO 和巴特利球形检验（N＝328）

KMO 值	近似卡方	自由度	显著性检验
0.739	575.926	6	0.000

接着采用主成分分析法对员工创造力进行探讨性因子分析，结果如表 3-11 所示，提取了 1 个特征值大于 1 的因子，该量表因子的总方差解释量为 69.596％，大于 50％，可接受，表明测量问卷具有较好的效度。

表 3-11　员工创造力量表因子分析的解释总方差（N＝328）

成份	初始特征值			提取平方和载入		
	合计	方差的％	累积％	合计	方差的％	累积％
员工创造力 1	5.517	69.596	69.596	2.784	69.596	69.596
员工创造力 2	0.892	13.746	83.342			
员工创造力 3	0.759	8.525	91.867			
员工创造力 4	0.550	8.133	100.000			

（3）上下级关系的信度与效度分析

首先，对上下级关系进行可信度检验，结果如表 3-12 所示。表 3-12 表明上下级关系的各个显变量的纠正条款总相关系数（CITC）均大于 0.3，各个显变量的条款删除之后的 Cronbach's α 系数均大于 0.5，以及整个量表的 Cronbach's α 系数也都大于 0.6，这表明了上下级关系的量表具有较好的信度。

表 3-12　上下级关系的信度检验（N＝328）

变量	题项	CITC	删除该题项后的 Cronbach's α 系数	变量的 Cronbach's α 系数
上下级关系	上下级关系 1	0.593	0.734	0.783
	上下级关系 2	0.574	0.739	
	上下级关系 3	0.642	0.723	
	上下级关系 4	0.575	0.739	
	上下级关系 5	0.526	0.751	
	上下级关系 6	0.300	0.804	

接下来，对上下级关系量表进行 KMO 和巴特利球形检验，结果如表

3-13 所示。一般而言,只有当 KMO 值超过 0.7 且 Bartlett 球形检验的显著性小于 0.05 时,量表的数据才适合进行因子分析。从表 3-13 可见,上下级关系的 6 道测量题项的近似卡方为 557.894,自由度为 15,KMO 值为 0.792,高于标准 0.70,巴特利球形检验的显著水平(p<0.001),这表明上下级关系的样本数据适合做探索性因子分析。

表 3-13　上下级关系量表的 KMO 和巴特利球形检验(N=328)

KMO 值	近似卡方	自由度	显著性检验
0.792	557.894	15	0.000

接着采用主成分分析法对上下级关系进行探讨性因子分析,结果如表 3-14 所示,提取了 2 个特征值大于 1 的因子,该量表因子的总方差解释量为 65.866%,大于 50%,可接受,表明测量问卷具有较好的效度。

表 3-14　上下级关系量表因子分析的解释总方差(N=328)

成份	初始特征值			提取平方和载入		
	累积%	合计	方差的%	累积%	合计	方差的%
上下级关系 1	2.934	48.897	48.897	2.934	48.897	48.897
上下级关系 2	1.018	16.969	65.866	1.018	16.969	65.866
上下级关系 3	0.738	12.304	78.170			
上下级关系 4	0.516	8.607	86.778			
上下级关系 5	0.413	6.885	93.663			
上下级关系 6	0.380	6.337	100.000			

(4)心理安全感的信度与效度分析

首先,对心理安全感进行可信度检验,结果如表 3-15 所示。表 3-15 表明心理安全感的各个显变量的纠正条款总相关系数(CITC)均大于 0.3,各个显变量的条款删除之后的 Cronbach's α 系数均大于 0.5,以及整个量表的 Cronbach's α 系数也都大于 0.6,这表明了心理安全感的量表具有较好的信度。

表 3-15　心理安全感的信度检验（N＝328）

变量	题项	CITC	删除该题项后的 Cronbach's α 系数	变量的 Cronbach's α 系数
心理安全感	心理安全感 1	0.660	0.646	0.745
	心理安全感 2	0.684	0.634	
	心理安全感 3	0.303	0.776	
	心理安全感 4	0.350	0.758	
	心理安全感 5	0.601	0.665	

接下来，对心理安全感量表进行 KMO 和巴特利球形检验，结果如表 3-16 所示。一般而言，只有当 KMO 值超过 0.7 且 Bartlett 球形检验的显著性小于 0.05 时，量表的数据才适合进行因子分析。如表 3-16 所示，心理安全感的 5 道测量题项的近似卡方为 476.217，自由度为 10，KMO 值为 0.746，高于标准 0.70，巴特利球形检验的显著水平（p＜0.001），这表明心理安全感的样本数据适合做探索性因子分析。

表 3-16　心理安全感量表的 KMO 和巴特利球形检验（N＝328）

KMO 值	近似卡方	自由度	显著性检验
0.746	476.217	10	0.000

接着采用主成分分析法对心理安全感进行探讨性因子分析，结果如表 3-17 所示，提取了 1 个特征值大于 1 的因子，该量表因子的总方差解释量为 51.867％，大于 50％，可接受，表明测量问卷具有较好的效度。

表 3-17　心理安全感量表因子分析的解释总方差（N＝328）

成份	初始特征值			提取平方和载入		
	累积％	合计	方差的％	累积％	合计	方差的％
心理安全感 1	2.593	51.867	51.867	2.593	51.867	51.867
心理安全感 2	0.924	18.481	70.348			
心理安全感 3	0.711	14.226	84.575			
心理安全感 4	0.502	10.036	94.611			

第三节　研究结果

一、共同方法偏差检验

首先对四变量做 Harman 单因素检验，结果显示没有单一因子被析出。接着进行探索性因子分析，如表 3-18 所示。结果表明四变量的题项分别分布在各自维度，四因素累积方差解释量为 56.52%。最后根据 Podsakoff, MacKenzie, Lee, Podsakoff(2003)的建议构建四个结构方程模型进行比较，由表 3-18 可见单因素模型的 χ^2/df 为 4.140，二因素模型的 χ^2/df 为 3.068，三因素模型的 χ^2/df 为 2.508，四因素模型的 χ^2/df 为 1.348 小于 2，四因素模型（$\chi^2 = 345.19$；$\chi^2/df = 1.35$；$RMSEA = 0.03$；$GFI = 0.93$；$AGFI = 0.91$；$TLI = 0.97$；$CFI = 0.98$）优于其他模型的拟合效果。综合以上结果，表明共同方法偏差在本研究中并不严重。

表 3-18　研究变量区分效度的验证性因素分析结果

模型	组合	χ^2	χ^2/df	RMSEA	GFI	AGFI	TLI	CFI
单因素模型	EL+SSG+PS+CI	1113.653	4.140	0.096	0.782	0.736	0.747	0.773
二因素模型	EL+SSG+PS；CI	822.286	3.068	0.078	0.833	0.797	0.833	0.851
三因素模型	EL+SSG；PS；CI	672.182	2.508	0.067	0.857	0.827	0.879	0.892
四因素模型	EL；SSG；PS；CI	345.190	1.348	0.032	0.926	0.906	0.972	0.976

注：伦理型领导(EL)；上下级关系(SSG)；心理安全感(PS)；员工创造力(CI)。

二、描述性统计

表 3-19 呈现了本研究涉及变量（性别、年龄、教育程度、收入、工龄、伦理型领导、上下级关系、心理安全感、员工创造力）的均值、标准差及变量间的相关系数矩阵。表内数据为我们提出的假设提供了初步的支持。

表 3-19　研究变量区分效度的验证性因素分析结果（N＝328）

变量	M	SD	1	2	3	4	5	6	7	8	9
1 性别	1.52	0.50									
2 年龄	3.39	1.07	−0.01								
3 教育程度	3.00	0.95	0.06	−0.20***							
4 工龄	2.54	1.43	0.02	0.65***	−0.06						
5 收入	2.51	1.18	−0.09	0.12*	0.42***	0.26***					
6 EL	3.50	0.59	−0.15**	0.12*	−0.07	0.07	0.08				
7 SSG	2.60	0.59	−0.19**	−0.02	−0.06	−0.02	0.12*	0.43***			
8 PS	3.35	0.58	−0.17**	0.04	−0.06	0.00	0.08	0.55***	0.33***		
9 CI	3.24	0.63	−0.18**	0.10+	−0.03	0.10+	0.02	0.24***	0.21***	0.25***	

从表 3-19 中可以看出，工龄和年龄显著正相关（r＝0.65，p＜0.001），性别和伦理型领导显著负相关（r＝−0.15，p＜0.01），性别和上下级关系显著负相关（r＝−0.19，p＜0.01），性别和心理安全感显著负相关（r＝−0.17，p＜0.01），性别和员工创造力显著负相关（r＝−0.18，p＜0.01），伦理型领导和年龄显著正相关（r＝0.12，p＜0.05），伦理型领导与上下级关系显著正相关（r＝0.43，p＜0.001），伦理型领导与心理安全感显著正相关（r＝0.55，p＜0.001）、伦理型领导与创造力正相关（r＝0.24，p＜0.001）；上下级关系与心理安全感显著正相关（r＝0.33，p＜0.001），上下级关系与创造力正相关（r＝0.21，p＜0.001），心理安全感与创造力正相关（r＝0.25，p＜0.001）。

三、假设检验

我们采用 Muller，Judd，Yzerbyt（2005）的有中介调节效应检验程序，检验过程及结果如表 3-20 所示。本研究主要采用层次回归分析对研究假设进行检验。为了避免自变量与交互项相关过高产生的共线性问题，研究者根据 Aiken，West（1991）的建议，先将自变量进行中心化处理，再计算交互效应项。我们先把伦理型领导、上下级关系及心理安全感做中心化处理，再计算伦理型领导、心理安全感和上下级关系的乘积项。M_{24} 表明伦理型领导与上下级关系的乘积项对创造力的调节效应显著（β

＝0.11,p＜0.05）。这符合有中介的调节模型检验的第一个要求。M_{12}
表明伦理型领导对员工的心理安全感有显著正向预测作用（β＝0.54,p＜
0.001）。这满足有中介的调节模型检验的第二个要求,假设1被支持,即
伦理型领导与员工的心理安全感正相关。M_{14}表明伦理型领导与上下级
关系的乘积项对心理安全感的调节效应显著（β＝0.15,p＜0.01）,该结果
满足有中介的调节模型假设检验的第三个要求,假设2被支持,即上下级
关系调节了伦理型领导与心理安全感的正相关关系。上下级关系水平越
高,伦理型领导与员工的心理安全感关系越强。M_{26}表明当心理安全感
加入后,心理安全感的回归系数显著（β＝0.14,p＜0.05）,伦理型领导与
上下级关系的乘积项对创造力的调节效应变得不显著（β＝0.11,p＞
0.10）,这符合有中介的调节模型检验的第四个要求。同时,该结果表明
心理安全感完全中介了伦理型领导与上下级关系的交互作用对员工创造
力的影响。假设3a被支持即心理安全感中介了伦理型领导与上下级关
系的交互作用对创造力的影响。

表 3-20　回归分析统计表（N＝328）

解释变量	心理安全感（PS）					员工创造力（CI）				
	M_{11}	M_{12}	M_{13}	M_{14}	M_{21}	M_{22}	M_{23}	M_{24}	M_{25}	M_{26}
控制变量										
性别	−0.15**	−0.08	−0.07	−0.06	−0.18**	−0.15**	−0.14*	−0.14*	−0.13*	−0.13*
年龄	0.01	0.00	0.01	−0.02	0.06	0.04	0.05	0.06	0.05	0.05
工龄	−0.07	−0.05	−0.05	−0.05	0.07	0.07	0.08	0.07	0.08	0.08
自变量										
EL		0.54***	0.50***	0.47***		0.22***	0.17**	0.15*	0.09	0.09
调节变量										
SSG							0.12*	0.09	0.08	0.08
交互效应										
SSG* EL								0.11*	0.09	0.11
中介变量										
PS									0.13*	0.14*
交互效应										
PS* SSG										−0.03
R方	0.04	0.32	0.33	0.35	0.05	0.09	0.10	0.11	0.12	0.12

解释变量	心理安全感（PS）					员工创造力（CI）				
	M_{11}	M_{12}	M_{13}	M_{14}	M_{21}	M_{22}	M_{23}	M_{24}	M_{25}	M_{26}
R 方更改	0.04*	0.28***	0.01*	0.02**	0.05**	0.04***	0.01*	0.01*	0.01*	0.00
F	2.81*	24.98***	22.17***	21.00***	21.00***	5.28***	5.17***	5.05***	4.98***	4.49***

注：伦理型领导（EL）；上下级关系（SSG）；心理安全感（PS）；员工创造力（CI）。N＝328。* p＜0.05；** p＜0.01；*** p＜0.001。

为进一步分析上下级关系的调节作用模式，我们实施了简单坡度分析。如图 3-2(a)所示可以看出，伦理型领导与心理安全感的关系在高上下级关系下（β＝0.64，p＜0.001）比低上下级关系下（β＝0.35，p＜0.05）更强。如图 3-2(b)所示可以看出，伦理型领导与创造力的关系，在高水平上下级关系下显著（β＝0.50，p＜0.001），而在低水平上下级关系下则不显著（β＝0.01，p＞0.05）。

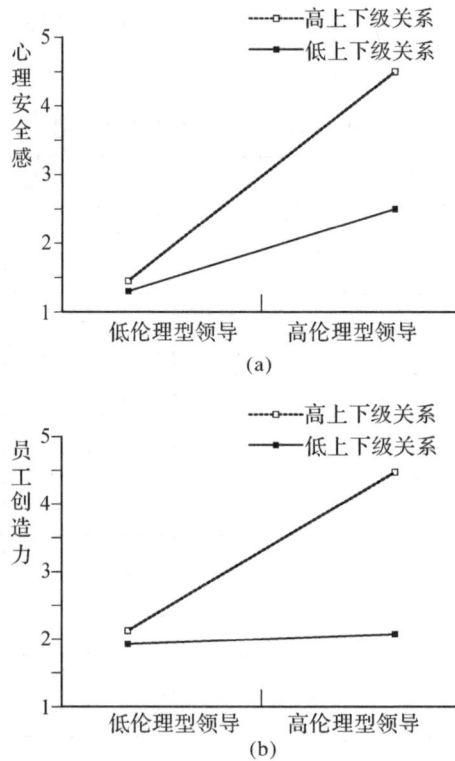

(a)

(b)

图 3-2　上下级关系的调节作用模式

虽然我们采用 Muller，Judd，Yzerbyt(2005)的检验程序得到的结果支持了假设 3a,但需要指出的是,随着研究的深入,越来越多的学者呼吁对有中介的调节作用和有调节的中介作用统计应该进行更精确的检验。因此,我们采用 Preacher，Rucker，Hayes(2007)提出的条件间接效应检验程序的步骤及开发的方法来检验假设 3b,即在不同上下级关系水平上,中介作用的路径及显著性,结果如表 3-21 所示。该程序涵盖了有调节的中介作用和有中介的调节作用模型,Preacher 将这两类模型统一称作被调节的中介模型。条件间接效应检验方法目前被广泛应用到组织管理领域的研究中(Chen，Kirkman，Kim，Farh，Tangirala，2010)。将样本按照上下级关系质量的高低分为两组,高于上下级关系其均值一个标准差的数据作为第一组,低于上下级关系其均值一个标准差的数据作为第二组,分别对两组的中介作用进行评估。表 3-21 列出了详细的分析结果,结果显示,当上下级关系质量较高时,间接效应在 95% 的置信区间介于[0.01,0.15]和[0.02,0.21]内,这两区间都不包括 0,表明心理安全感在伦理型领导与员工创造力的中介作用越强该中介效应更强并且显著。当上下级关系质量较低时,间接效应在 95% 置信区间介于[−0.01,0.11]内,此区间包括 0,表明心理安全感的间接效应不显著该中介效应弱且不显著。因此,与上下级关系质量低相比,当上下级关系质量高时,心理安全感的中介作用更强,假设 3b 得到了支持即上下级关系调节了心理安全感在伦理型领导与创造力间的中介作用。上下级关系水平越高,心理安全感在伦理型领导与创造力之间关系的中介作用越强。

表 3-21　上下级关系的条件间接效应检验

	Indirect effect	SE	Z	Bias corrected 95% CI	
M-SD	0.05	0.03	1.90	−0.01	0.11
M	0.08*	0.04	2.20	0.01	0.15
M+SD	0.12**	0.05	2.22	0.02	0.21

注:* $p < 0.05$;** $p < 0.01$;*** $p < 0.001$。

第四节　研究意义及展望

一、理论意义

通过有中介的调节研究设计,本研究系统地探讨了伦理型领导对员工创造力的影响机制。本研究对伦理型领导如何影响员工创造力的效用机制做出了贡献,不仅更全面地掌握了伦理型领导如何影响员工创造力的效用机制尤其是伦理型领导对员工的心理机制的影响,还进一步扩充和丰富了中国背景下伦理型领导的内涵。本研究表明心理安全感完全中介了伦理型领导对员工创造力的影响。作为重要的组织情景因素,伦理型领导要发挥其效用,并不是直接对员工的心理和行为产生影响,而是通过心理安全感这一中介来完成。换而言之,下属的心理安全感是伦理型领导行为发挥效用的一个"阀门",阀门开启的程度大小决定了伦理型领导行为通过这条路径影响下属创造力的作用力的大小。如果伦理型领导不能有效提高员工的心理安全感,那么它对下属创造力发展的影响就会在一定程度上削弱。这一结果与前人的研究结果类似(张鹏程,刘文兴,廖建桥,2011)。该结果可由认知评价理论进行完美的解释。认知评价理论认为,外界因素并不是简单的"刺激——反应"范式,而要经过个体认知评价这一加工过程,进而才会产生相应的行为。从这个角度上,本研究的结果进一步支持了认知评价理论。

以上的中介效应分析告诉我们伦理型领导对下属创造力的影响效果是通过下属心理安全感这一中介变量传导的,这样的解释虽然加深了对伦理型领导行为效用的理解和认识,然而仍然不够充分。因为中介效应只是揭示了伦理型领导行为对下属创造力作用的一种纵向链条,还无法反映横向不同情境下这一作用效果的针对性。本研究引入了中国组织中普遍存在的现象——上下级关系这一变量,期望探讨在不同上下级关系水平情景下,伦理型领导通过心理安全感对员工创造力影响效应的变化趋势。研究的结果既在"情理之中"又在"意料之外"。"情理之中"指的是上下级关系水平与伦理型领导的交互作用强化了心理安全感的中介作用,尤其是在高上下级关系情景下,上下级关系与伦理型领导的交互作用与心理安全感的关系更加紧密。这体现了上下级关系这一颇具中国特色研究概念作用力的普适性。"意料之外"是指,以往研究指出伦理型领导注重公平,不会区分"圈内"、"圈外"人,会公平对待组织中的所有员工。然而,这一研究结果来自于西方文化背景,不适用中国情景,在中国情境下伦理型领导对待员工方式会有所不同。本研究表明,在中国组织背景中,即使是伦理型领导,他们与其下属基于私人感情而形成的关系仍然具有强大作用力。这似乎意味着,在中国文化背景组织中,即使是伦理型领导,也会在组织中通过正式工作之外的私人接触,与部分员工建立亲近关系,从而对员工的心理与行为造成显著影响。

二、管理启示

本研究的管理启示如下:(1)组织的领导者,应该努力践行伦理型领导的行为,通过伦理型领导行为的实施,有效提高员工的心理安全感水平,从而激发员工的创造力,并促进其创新性想法的产生并运用于实践,以提高组织创造力的培育,更好地适应越来越激烈的市场竞争。(2)如果伦理型领导行为是组织正式工作运转的"刚性"的一面,而组织领导与其下属建立良好的私人关系,则是组织"刚性"运转有效的润滑剂,它的特点是"柔性"。领导为了在组织中更有效地激发员工的创造力,"刚柔并济","双管齐下",更容易提升员工的心理安全感水平,员工从而会展现其更高的创造力,进而提高组织的绩效。

三、研究不足及展望

由于各种主客观原因的限制,本研究尚且存在一些局限之处,在后续研究中需要进一步完善。首先,关于伦理型领导量表的本土化问题。本研究伦理型领导使用了国际上具有权威影响的伦理型领导量表,统计分析表明其具有较高的信效度,研究结果也得到了证实。但是正如上文所述的那样,中国背景下的伦理型领导可能与西方文化背景下的伦理型领导具有不同的结构和特征,本研究中上下级关系的作用力就是例证。因此,为了进一步拓展中国文化背景组织中伦理型领导理论及其效用机制的研究,伦理型领导测量量表的本土化是未来研究者需要关注的一个方向。其次,本研究采用截面数据对变量间的关系进行研究,忽视了时间效应对研究结果的影响,难以考察伦理型领导通过心理安全感对员工创造力产生影响的动态过程。未来研究者可以采用时间序列设计,通过系列数据精细刻画变量间的关系,这将使得相关变量之间的因果关系更具说服力。

第五节　结　论

通过以上验证分析,本研究的结果表明伦理型领导与员工心理安全感正相关,即伦理型领导的水平越高,员工心理安全感越强;上下级关系与伦理型领导的交互作用强化了员工的心理安全感;心理安全感中介了伦理型领导与上下级关系的交互作用对员工创造力的影响;上下级关系调节了心理安全感对伦理型领导与创造力的中介作用,即上下级水平越高,心理安全感在伦理型领导与创造力之间的中介作用就越强。

第四章 伦理型领导、创造力自我效能感及员工创造力:工作绩效的调节作用①

[本章导读]

本章主要关注伦理型领导通过影响员工的创造力自我效能感进而影响员工的创造力这一问题。基于社会认知理论,通过对 308 名员工配对样本的问卷调查,研究伦理型领导对员工创造力的影响机制,即这一机制中创造力自我效能感的中介作用与员工绩效的调节作用。获得如下结论:伦理型领导与员工创造力自我效能感正相关;员工绩效水平与伦理型领导的交互作用,强化了创造力自我效能感;创造力自我效能感中介了伦理型领导与绩效的交互作用对员工创造力的影响;绩效水平调节了创造力自我效能感对伦理型领导与创造力的中介作用,即绩效水平越高,创造力自我效能感在伦理型领导与创造力之间关系的中介作用越强。

第一节 问题提出

员工是组织创新能力的微观基础,如果员工没有创造力,就意味着组织失去了持续创新的原动力,从而使组织在竞争中失败(Shalley, Zhou, Oldham, 2004)。因此,如何有效激发员工的创造力,使员工心甘情愿为实现组织战略目标而努力,这是每一个组织管理者都面临并着力解决的挑战,也是学者们持续关注并力求解决的问题。创造力的研究具有悠久心理学传统,但组织情境中员工创造力则是一个较新的研究领域(周浩,龙立荣,2011),因此组织中员工的创造力得到了越来越多研究者的关注。

---

① 本章的主体内容曾发表于科学学与科学技术管理 2015 第 9 期。

员工创造力要通过环境因素和个体因素共同激发。领导一直被认为是影响员工创造力的重要的组织环境因素，其通过多种方式对员工创造力直接施加影响（Zhang，Bartol，2010）。但 Carmeli，Reter-Palmon，Ziv（2010）指出，先前关于领导与员工创造力的研究，大多局限于领导因素对员工创造力的直接作用，而领导对员工创造力的影响是一个复杂的过程，因此对领导与员工创造力关系间的中介及调节机制的研究需要引起关注。国内的研究者也支持这一观点（魏峰，袁欣，邸杨，2009）。

领导在组织中的地位决定了其对组织与员工都有重要的影响。但何种类型的领导行为会有助于提升员工创造力，目前仍处于探索阶段（Zhang，Bartol，2010；魏峰，袁欣，邸杨，2009）。近期对于辱虐型领导的研究表明，辱虐型领导，对工作绩效有显著负向作用（李育辉，王桢，黄灿炜，万罗蒙，2016）。其中伦理型领导因为兼具了多种类型领导的特征（Brown，Treviño，Harrison，2005），同时又响应了时代的要求，成为近年来颇受关注的研究概念。那么中国组织情景下的伦理型领导对员工创造力水平的激发过程起到何种影响？这种影响在不同的绩效水平情境下是否会显示出不同的作用规律？最后，个体在参与创造性活动的过程中需要一种内在的、持续的动力来鼓舞自己，创造力自我效能感恰好为面临挑战的个体树立了一种自我肯定的强有力的信念（洪雁，王端旭，2011）。那么伦理型领导与员工绩效的交互效应是否以员工的创造力自我效能感为中介作为传导机制？

以上这一系列问题为我们拓展员工创造力的研究提供了有益的思考路径，也构成了本文的研究初衷。本研究基于社会认知理论，通过有中介的调节研究设计，对以上理论问题进行具体解答，同时为各级管理者进行创新管理提供有价值的建议。

第二节　理论回顾与研究假设

一、伦理型领导与创造力自我效能感

伦理型领导是指领导者在组织管理过程中，展现高的伦理行为，并通过组织中的沟通强化机制和决策制定来激发下属同类行为的领导（Brown，Treviño，Hrrison，2005）。与交易型领导、变革型领导及真实型领导等相比较，伦理型领导与这些领导都关心体谅员工、诚实正直及为员工树立典范，只是伦理型领导更加强调伦理管理。因此，从此意义上看，它同时具备多种类型领导的特征（Brown，Treviño，Harrison，2005）。研究结果表明，伦理型领导对下属的工作态度以及结果具有正向促进作用，而对组织中的不道德行为和人际冲突等消极现象具有抑制作用（Mayer，Aquino，Greenbaum，Kuenzi，2012）。早期关于伦理型领导的研究主要集中于其对组织中伦理相关问题的影响方面，但自 Brown，Treviño，Harrison（2005）系统提出伦理型领导的效用模型后，在更广泛层面上探讨其对组织及员工的影响的研究逐渐丰富了起来。

自我效能感是指个体对影响自己生活的事件和对自己的活动水平施加以控制以实现既定目标成果的信念（Bandura，1997）。有关自我效能感与创造力的探讨常见于心理学、管理学研究文献。孙彦玲，杨付，张丽华（2012）的研究对比了机械式组织和有机式组织中创造力自我效能感与创新行为关系，结果表明在有机式结构的组织中，有高创造力自我效能感的员工才会表现出更多创新行为。李永周，王月，阳静宁（2015）的研究以高新技术企业的技术研发人员为调查对象，研究结果表明自我效能感对研发人员工作绩效具有显著正向影响。张韬（2016）在对正念思维——工作自我效能感——员工创造力的研究中验证了自我效能感的中介作用，并表明了正念思维有利于提升员工工作自我效能感，且员工工作自我效能感能够增强员工创造力。以上学者在研究中都明确了自我效能感的运用领域，将一般的自我效能感进行了具体化，表明员工只有在从事某领域的活动时，个体才有对自身成功实施特定活动的信心评价。

　　自我效能感分为一般自我效能感和特殊自我效能感两类。在 Bandura(1986)的一般自我效能感理论基础上，Tierney，Farmer(2002)提出"创造力自我效能感"这一概念，它是指个体对于他在工作上能否有创造性表现和获取创造性成果的信念，也是自我效能感在创造力方面的体现。员工创造力自我效能感的定义也暗含员工创造力自我效能感是影响个体感知的变量，有着高创造力自我效能感的员工通常会成为企业的重点培养对象。组织中的各种因素，如人和制度等均会不同程度地影响着员工的创造力效能感水平。而在这些因素中，鉴于领导在组织中的地位和发挥的作用，无疑其在员工创造力自我效能感的形成和变化过程中会扮演着关键的角色。

　　根据伦理型领导的内涵，我们认为伦理型领导将有助于增强下属的创造力自我效能感。首先，伦理型领导是支持型领导之一（Brown，Treviño，Harrison，2005），员工的创新行为都有一定的风险，其具备的利他特性在员工创造力效能感的形成过程中，为员工创新可能带来的失败提供必要的物质与精神支持，使员工能大胆创新而无后顾之忧，从而提升了员工创造性解决问题的信心。Tierney，Farmer(2010)发现领导给予员工的创造性支持行为越多，那么员工的创造力自我效能感水平就越高。其次，创造性工作具有一定的风险性，相比于创造性的工作结果，伦理型领导更看重创造性工作的过程（Walumbwa，Mayer，Wang，Wang，Workman，2011），因此，即使创新行为的结果并不理想，伦理型领导也不会过于指责员工，从而降低了因创造性工作可能失败带来的焦虑和紧张情绪，提升了员工创造力自我效能感的水平。再次，伦理型领导具备的正直公平的特性，使其对组织中所有的员工一视同仁，在组织内不区分圈内与圈外人。因此，伦理型领导对员工的创造力水平可以进行公正的评价，不会因为与下属的私交而影响个人判断，从而有助于员工自我效能感的提升。最后，正确的言语劝说是个体自我效能感的来源之一，伦理型领导善于激励员工，对因为创造性解决问题的过程中遇到困难的员工的士气提升有非常大的帮助，能有效提升员工创造性解决问题的信心与能力，伦理型领导通过对员工的不断表扬与劝说，表明其对员工创造力的信任以及对员工创新行为的赞赏。而来自领导的信任与赞赏会有力地促进员工自我效能感水平的提升（Carmeli，Schaubroeck，2007）。根据以上分析，本文提出如下假设。

假设 1：伦理型领导与员工的创造力自我效能感正相关。

二、工作绩效的调节作用

工作绩效是指个人作为组织成员，为完成组织期望、规定或者正式的角色需求时所表现行为的结果（Campbell，1990）。通常工作绩效分为关系绩效和任务绩效。关系绩效是指员工在自己的职责范围之外主动帮助企业其他部门以及其他同事完成相应的任务为提高企业整体做出贡献。关系绩效与企业的文化、员工自我奉献精神、上下级关系等相关。任务绩效是指企业员工按照岗位说明书上明确的工作职责来从事和完成自己的本职工作从而为提高企业整体水平做出贡献，员工做出贡献的大小也就是任务绩效值与员工个人的教育水平、知识技能和经验丰富程度等相关。员工工作绩效是一个和组织目标有关的重要的部分，也是大多数组织需要关注的部分。Barrick，Parks，Mount（2005）发现员工的工作绩效与大五人格特质有积极的关系。人格可以被描述为特定的人以特定的方式行事。因此，拥有好的人格的领导者，员工在执行工作时，容易与其他团队成员交流和合作或帮助对方完成的工作（Ghani，Yunusb，Bahry，2016）。近期有关工作绩效的研究表明辱虐管理对员工工作绩效有显著的负向作用（高核，李婷婷，段辉，2016；李育辉，王桢，黄灿炜，万罗蒙，2016）

在现代企业组织中，工作绩效往往是极其重要的资源分配标准。当企业员工的绩效水平较高时，员工能从领导那里获得更多的权力和资源，如加薪、晋升等。同时，工作绩效水平高的员工能获得领导以及同事更多的正面评价，容易在组织中树立起较高的个人威信和良好的形象。相反，当企业员工绩效水平较低时，员工不仅不能得到好的评价以及更多的资源，还会将注意力投向过去差劲的工作绩效，员工的行为会因此受到抑制（Ashford & Northcraft，1992）。

Bandura（1986）指出过去成功的经验（工作绩效）、生理心理状态、替代学习和正确的言语劝说是决定个体自我效能感水平的四个因素，其中过去成功的经验比生理心理状态、替代学习和正确的言语劝说对自我效能形成的影响更大。工作绩效为个体提供判断，同时也构成自我效能感的行为信息。自我控制理论认为个体过去的工作绩效水平将会强化个体再次遇到类似情景时，其有能力解决问题的信心（DeRue，Morgeson，2007）。也就是说，过去拥有高绩效员工的个体在他们遇到类似困难的时候，他们往往不会慌张，因为过去的经验告诉他们，他们是有能力解决这些问题的，从而强化了他们解决问题的自信；相反，过去工作绩效较差的员工在遇到相似的麻烦时同样没有信心解决。类似的，控制理论的学者们认为，个体过去的工作绩效信息将会引导他们的注意力和工作行为（Lord，Levy，1994），即过去绩效较高的员工，他们过去成功的经验会增加其工作信心和工作积极性，而过去绩效较差的员工，他们过去失败的经历会导致其产生较差的工作行为。另外，个人与工作匹配的研究也发现，工作绩效优秀的员工，他们对自身的能力与工作的匹配有较高的信心，认为自己有水平达到工作的要求。而工作绩效较差的员工面对工作要求时，则认为其自身的能力与知识不能匹配工作的要求，从而影响其行为的选择与方向（DeRue，Morgeson，2007）。该观点与工作绩效优秀的员工具有更高水平的环境监控能力和行为调整能力的研究结果一致（Snyder，Copeland，1989）。总之，个体过去的工作绩效信息是其将来行为的一个重要线索，会影响到其在未来的判断与行为。

社会交换理论认为，人类社会的交换行为包括工具性资源交换和情感性资源交换。员工的工作绩效水平是影响其与领导建立良好关系的重要影响因素（Nahrgang，Morgeson，Ilies，2009）。而这种良好的关系又反过来影响着领导对员工的工作绩效评价（Ilies，Nahrgang，Morgeson，2007）。在组织中，首先员工通过高水平的工作绩效结果满足了工具性资源的需要，然后高水平的工作绩效帮助员工和领导建立了高质量的关系，员工通过与领导的高质量关系又满足了员工的情感性需要。从领导发挥其效能的作用过程来看，伦理型领导对下属往往需要一手运用工具性资源，一手运用情感性资源，这两者一刚一柔，在组织管理过程中交互运作，相得益彰，从而更好地影响下属的心理与行为，促使员工为企业的发展做出贡献。因此，我们推测，与员工的工作绩效水平低相比，当员工工作绩效水平较高时，伦理型领导与员工的创造力自我效能感间的关系更加紧密，即高水平的工作绩效与伦理型领导产生交互作用，强化了伦理型领导对员工创造力自我效能感的正向关系。基于以上论述，本文提出如下假设。

假设 2：工作绩效调节了伦理型领导与员工创造力自我效能感之间的正相关关系。员工工作绩效水平越高，伦理型领导与员工的创造力自我效能感的正相关关系就越强。

三、创造力自我效能感的中介作用

作为社会认知理论的核心构念，自我效能感是预测行为的重要指标（Bandura，1986）。与低自我效能感的员工相比，拥有高自我效能感的员工往往对工作的自信水平较高，对环境及行为的控制具有信心。相反，有着低自我效能感的个体在工作上可能会选择减少努力或放弃（Parker，Williams，Turner，2006）。Bandura（1986）认为，自我效能感会随着具体任务和情境的变化而变化。此后，诸如创造力自我效能感（Tierney，Farmer，2002）、管理自我效能感（陆昌勤，凌文辁，方俐洛，2004）等针对特定领域的效能感构念相继被提出。这些研究都发现，特定领域的自我效能感都比一般自我效能感的预测力度更大。根据社会认知理论，自我效能感决定了个体目标的选择、实现目标的努力程度及在实现目标过程中的坚持程度。作为一种心理资源，自我效能感对各种心理状态和行为都具有普遍的积极意义，个体的行为可能都源于其自我效能感。国内外大量研究也证实了创造力自我效能感对创造力有显著的正向影响（杨晶照，杨东涛，赵顺娣，姜林娣，2011；周浩，龙立荣，2011；Tierney，Farmer，2010；Carmeli，Schaubroeck，2007；Gong，Huang，Farh，2009；张勇，龙立荣，2013；Ford，1996；顾远东，彭纪生，2010）。孙彦玲，杨付和张丽华（2012）的跨层分析以 13 家大型企业集团的 334 名员工为样本，其研究表明，相对机械式结构而言，在有机式结构中即组织相对扁平，专业化程度低，且不同背景员工之间的互动机会较多的结构，拥有高创造力自我效能感的员工在工作中不仅会表现出更多的知识共享，还会表现出更多的创新行为。

自我效能感是个体对其能否完成某项工作的预期，而预期是认知与行为的中介（Bandura，1997）。在此观点启发下，越来越多的国内外研究者开始关注个体创造力自我效能感在外部环境变量与个体创造力间的中介作用。在国外研究者方面，Tierney，Farmer（2002）首先发现员工创造力自我效能在员工主管的心理与行为与创造力关系间的中介作用。Gong，Huang，Farh(2009)发现员工创造力自我效能感在变革型领导、学习导向与员工创新的关系中起中介作用。在国内学者研究方面，顾远东，彭纪生(2010)认为员工创造力自我效能感中介了组织氛围对员工创造力的影响；张勇，龙立荣(2013)发现了员工创造力自我效能感在绩效薪酬与员工创造力的中介作用。综合国内外的研究，我们发现员工创造力自我效能感在员工创造力机制中的中介作用已经得到了广泛的验证。

如前文所述，伦理型领导与员工工作绩效的交互作用影响员工个体创造力自我效能感的水平。在社会认知理论的环境、个体和行为构成的三元交互模式中，自我效能感是与行为距离最近的认知变量，也是将环境影响传导至行为的重要中介变量(Bandura，2001)。相比伦理型领导等外部环境因素，创新自我效能感是与员工创造力更近端的构念。伦理型领导所创造的积极组织环境，经由员工的自我认知评价，提升其有效从事创造性活动的信心后，进而促进其创造力水平的提升。

基于以上论述，我们推测，伦理型领导与员工工作绩效的交互作用对员工创造力的影响是通过创造力自我效能感为中介完成的。据以上分析，并综合假设1及假设2，本文提出如下假设。

假设3a：创造力自我效能感中介了伦理型领导与工作绩效的交互作用对员工创造力的影响。

假设2和假设3a进一步揭示出有中介的调节作用模型。具体而言，员工的创造力自我效能感中介了伦理型领导对下属创造力的影响。并且，该创造力自我效能感中介作用的大小取决于下属的工作绩效水平。在员工工作绩效水平较高的情景下，工作绩效与伦理型领导产生交互作用，从而对下属的创造力自我效能感影响较大，进而较高地提升了下属的创造力。但是，当员工工作绩效水平较低时，由于伦理型领导单独对员工的创造力自我效能感施加影响，影响水平较低，因此，伦理型领导对其下属创造力的效应较少地通过创造力自我效能感来传导。基于此，本文提出有中介的调节作用。

假设3b：员工的工作绩效调节了创造力自我效能感在伦理型领导与员工创造力之间的中介作用。当工作绩效水平越高时，创造力自我效能感的中介作用就越强。

综上所述，本研究的框架模型如图 4-1 所示。

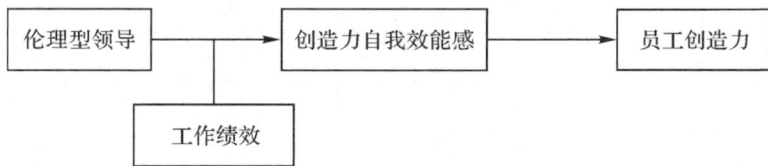

图 4-1 研究框架图

第三节 研究方法

一、取样与数据收集

为降低共同方法偏差对研究结果带来的影响，我们采取了异源评价的方法。伦理型领导、创造力自我效能感采用员工评价的方式，员工创造力及员工绩效由员工的直接上级评价。为了降低问卷填写人的顾虑，领导问卷与员工问卷均为匿名填写。在问卷发放时，一个小信封封面贴有领导问卷字样，该信封中装有若干份对员工创造力及员工绩效进行评价的问卷。另外有若干只已编号小信封装的均是员工问卷，在信封封面贴有问卷填写说明及回收注意事项。在领导问卷信封的封面，通过指导语要求该领导每份问卷中填写领取员工问卷对应的编号，以完成配对。信封封口上都贴有双面胶，问卷填好后，填写人把问卷装入信封中，并用双面胶封口，以确保任何人都看不到问卷填写情况。然后交给回收问卷的联系人。

在浙江地区发放问卷 400 份，回收 380 份（回收率 95%），剔除缺失数据过多、重复作答严重及无法配对等无效问卷后，得到有效问卷 308 份（有效率 81.5%）。样本来自浙江省 25 家国有及民营企业，主要涉及制造、房地产、高新技术、贸易等行业。如表 4-1 所示：

表 4-1 样本的描述性统计结果

	调查项目	样本数量	样本所占比（%）
性别	男	150	48.7
	女	158	51.3
年龄	20 岁及以下	5	1.6
	20—25 岁	55	17.9
	>25—30 岁	127	41.2
	>30—35 岁	57	18.5
	35 岁以上	64	20.8
工龄	3 年及以下	94	30.5
	3—6 年	78	25.3
	>6—9 年	59	19.2
	>9—12 年	30	9.7
	12 年以上	47	15.3
教育程度	初中及以下	25	8.1
	高中	58	18.8
	大专	121	39.3
	本科	97	31.5
	研究生及以上	7	2.3
月收入	3 000 元	51	16.6
	大于 3 000—5 000 元	127	41.2
	大于 5 000—7 000 元	78	25.3
	大于 7 000—9 000 元	21	6.8
	大于 9000 元	31	10.1

二、研究问卷

伦理型领导采用 Brown，Trevino 和 Harrison(2005)编制的 10 项目单维伦理型领导量表。采用 Likert 5 点计分法，即"1＝完全不符合，5＝完全符合"。低分代表主管伦理水平低，高分代表主管伦理水平高。样题如"我的领导给我们树立了如何有道德地处理事情的榜样"，具体题项如

表 4-2 所示。CFA 结果表明伦理型领导的量表在本研究中具有较高的效度（$\chi2/df = 1.01$，RMSEA $= 0.01$，GFI $= 0.98$，AGFI $= 0.97$，TLI $= 0.99$，CFI $= 0.99$）。

表 4-2　伦理型领导的测量题项

维　度	序　号	题　项
单维	1	我的领导总能听取下属的意见
	2	我的领导会惩罚违反道德标准的下属
	3	生活中，我的领导总是遵守道德规范
	4	我的领导总是关心下属的最大利益
	5	我的领导总是做出公平、公正的决策
	6	我的领导是个值得信赖的人
	7	我的领导会和我们一起讨论价值观和商业道德问题
	8	我的领导给我们树立了如何有道德地处理事情的榜样
	9	我的领导界定成功，不仅看结果，还会考虑获得结果的过程
	10	我的领导在做决策时经常会问："怎样做才是正确的?"

工作绩效采用 Law，Wong，Wong 和 Wang（2000）编制的 5 项目单维工作绩效水平量表。采用 Likert 5 点评分法，即"1＝完全不符合，5＝完全符合"。低分代表低员工绩效水平，高分代表高员工绩效水平。样题如"他/她的工作质量非常高，很少有差错"，具体题项如表 4-3 所示。CFA 结果表明工作绩效的量表在本研究中具有较高的效度（$\chi2/df = 2.08$，RMSEA $= 0.06$，GFI $= 0.99$，AGFI $= 0.96$，TLI $= 0.98$，CFI $= 0.99$）。

表 4-3　工作绩效的测量题项

维　度	序　号	题　项
单维	1	他/她有很高的工作积极性和热情
	2	工作中他/她从不会偷懒，并且有很高的坚持性
	3	他/她工作总是全神贯注，并尽力做好每一项任务
	4	他/她的工作质量非常高，很少有差错
	5	他/她的工作效率非常高

创造力自我效能感测量创造力自我效能感所采用的量表由Karwowski，Lebuda 和 Winiewska(2012)在 Tierney 和 Farmer(2002)开发的 3 个项目的基础上扩展而来，量表包括 6 个项目，采用 Likert 5 点评分法，即"1＝完全不符合，5＝完全符合"。低分代表低创造力自我效能感，高分代表创造力自我效能感。样题如"我对创造性的解决问题有信心"，具体题项如表 4-4 所示。CFA 结果表明创造力自我效能感的量表在本研究中具有较高的效度($\chi 2/\mathrm{df}＝0.95$，RMSEA＝0.00，GFI＝0.99，AGFI＝0.98，TLI＝1.00，CFI＝1.00)。

表 4-4　创造力自我效能感的测量题项

维　度	序　号	题　项
创造力自我效能感	1	我对创造性的解决问题有信心
	2	我认为自己能有效的解决复杂问题
	3	我比同事更具想象力和创意，也更出色
	4	很多次，我都证明自己有解决任何难题的能力
	5	我相信自己可以解决需要创造性思维的问题
	6	我善于提出新颖的解决方案

员工创造力采用 Farmer，Tierney，Kung-McIntyre 的 4 项目单维创造量表。采用 Likert5 点评分法，即"1＝完全不符合，5＝完全符合"。低分代表低创造力水平，高分代表高创造力水平。样题如"他/她能寻找新方法或途径去解决问题"，具体题项见表 4-5。CFA 结果表明($\chi 2/df＝1.46$，$RMSEA＝0.04$，$GFI＝0.99$，$AGFI＝0.98$，$TLI＝0.99$，$CFI＝0.99$)员工创造力的量表在本研究中具有较高的效度。

表 4-5　员工创造力的测量题项

维　度	序　号	题　项
单维	1	他/她会优先尝试新观念或新方法
	2	他/她会寻找新方法或途径去解决问题
	3	他/她会产生与领域相关的突破性想法
	4	他/她是一个好的员工创造性的榜样模型

三、数据处理

数据全部录入计算机，运用 SPSS 13.0 及 AMOS 7.0 进行数据处理，主要采用相关分析及多元回归分析的统计方法。

四、量表的信度和效度分析

效度即问卷的有效性，是反映问卷能否准确测量出所需测量事物的指标。效度检验总共分为两步：（1）首先运用 SPSS16.0 计算问卷的 Bartlett 球形检验值和 KMO 值，来判断样本数据是否能作因子分析，当 KMO 大于 0.7，则比较适合做因子分析；Bartlett 球形检验值是用于检测问项间相关系数是否显著的指标，如果显著（sig. ＜0.05），是适合做因子分析。（2）运用因子分析法来测量问卷的结构效度，用累积贡献率来反映，若其达到 60% 以上表示共同因素对的累积有效程度是可靠的。

（1）伦理型领导的信度与效度分析

首先，对伦理型领导进行可信度检验，结果如表 4-6 所示。可见，每个题项的纠正条款总相关系数（CITC）均大于 0.3，各个显变量的条款删除之后的 Cronbach's α 系数均大于 0.5，以及整个量表的 Cronbach's α 系数也都大于 0.6，这表明了伦理型领导的量表具有较好的信度。

表 4-6　伦理型领导的信度检验（N＝308）

变量	题项	CITC	删除该题项后的 Cronbach's α 系数	变量的 Cronbach's α 系数
伦理型领导	伦理型领导 1	0.605	0.894	0.903
	伦理型领导 2	0.476	0.903	
	伦理型领导 3	0.657	0.891	
	伦理型领导 4	0.671	0.890	
	伦理型领导 5	0.720	0.887	
	伦理型领导 6	0.750	0.885	
	伦理型领导 7	0.644	0.892	
	伦理型领导 8	0.799	0.882	
	伦理型领导 9	0.677	0.889	
	伦理型领导 10	0.559	0.897	

接下来，对伦理型领导量表进行 KMO 和巴特利球形检验，结果如表 4-7 所示。一般而言，只有当 KMO 值超过 0.7 并且巴特利球形检验的显著性小于 0.05 时，量表的数据才适合进行因子分析。从表 4-7 中可见，伦理型领导的 10 道测量题项的近似卡方为 1 563.985，自由度为 45，KMO 值为 0.920，高于标准 0.7，巴特利球形检验的显著水平（$p <$ 0.001），这说明了伦理型领导的样本数据适合做探索性因子分析。

表 4-7　伦理型领导量表的 KMO 和巴特利球形检验（N＝308）

KMO 值	近似卡方	自由度	显著性检验
0.920	1563.985	45	0.000

接着采用主成分分析法对伦理型领导进行探讨性因子分析，结果如表 4-8 所示。提取了 1 个特征值大于 1 的因子，且这个因子的总方差解释量为 53.921%，大于 50%，可接受。如表 4-8 所示：

表 4-8　伦理型领导因子分析的解释总方差（N＝308）

成份	初始特征值			提取平方和载入		
	累积%	合计	方差的%	累积%	合计	方差的%
伦理型领导 1	5.392	53.921	53.921	5.392	53.921	53.921
伦理型领导 2	0.963	9.625	63.546			
伦理型领导 3	0.756	7.559	71.106			
伦理型领导 4	0.589	5.892	76.998			
伦理型领导 5	0.535	5.347	82.345			
伦理型领导 6	0.440	4.402	86.746			
伦理型领导 7	0.424	4.243	90.989			
伦理型领导 8	0.392	3.919	94.909			
伦理型领导 9	0.295	2.949	97.858			
伦理型领导 10	0.214	2.142	100.000			

（2）员工创造力的信度与效度分析

首先，对员工创造力进行可信度检验，结果如表 4-9 所示，表明员工创造力的各个显变量的纠正条款总相关系数（CITC）均大于 0.3，各个显变量的条款删除之后的 Cronbach's α 系数均大于 0.5，以及整个量表的 Cronbach's α 系数也都大于 0.6，这表明了员工创造力的量表具有较好的信度。如表 4-9 所示：

表 4-9　员工创造力的信度检验（N＝308）

变量	题项	CITC	删除该题项后的 Cronbach's α 系数	变量的 Cronbach's α 系数
员工创造力	员工创造力 1	0.617	0.818	0.839
	员工创造力 2	0.700	0.783	
	员工创造力 3	0.712	0.777	
	员工创造力 4	0.659	0.801	

接下来，对员工创造力量表进行 KMO 和巴特利球形检验，结果如表 4-10 所示。一般而言，只有当 KMO 值超过 0.7 且 Bartlett 球形检验的显著性小于 0.05 时，量表的数据才适合进行因子分析。从表 4-10 可见，员工创造力的 4 道测量题项的近似卡方为 498.226，自由度为 6，KMO 值为 0.773，高于标准 0.70，巴特利球形检验的显著水平（p＜0.001），这表明员工创造力的样本数据适合做探索性因子分析。

表 4-10　员工创造力量表的 KMO 和巴特利球形检验（N＝308）

KMO 值	近似卡方	自由度	显著性检验
0.773	498.226	6	0.000

接着采用主成分分析法对员工创造力进行探讨性因子分析，结果如表 4-11 所示，提取了 1 个特征值大于 1 的因子，该量表因子的总方差解释量为 67.449％，大于 50％，可接受，表明测量问卷具有较好的效度。

表 4-11　员工创造力量表因子分析的解释总方差（N＝308）

成份	初始特征值			提取平方和载入		
	合计	方差的％	累积％	合计	方差的％	累积％
员工创造力 1	2.698	67.449	67.449	2.698	67.449	67.449
员工创造力 2	0.615	15.387	82.836			
员工创造力 3	0.362	9.061	91.897			
员工创造力 4	0.324	8.103	100.000			

（3）工作绩效的信度与效度分析

首先，对员工工作绩效进行可信度检验，结果如表 4-12 所示，表明员工工作绩效的各个显变量的纠正条款总相关系数（CITC）均大于 0.3，各个显变量的条款删除之后的 Cronbach's α 系数均大于 0.5，以及整个量表的 Cronbach's α 系数也都大于 0.6，这表明了员工工作绩效的量表具有较好的信度。

表 4-12　工作绩效的信度检验（N＝308）

变量	题项	CITC	删除该题项后的 Cronbach's α 系数	变量的 Cronbach's α 系数
工作绩效	工作绩效 1	0.667	0.860	0.879
	工作绩效 2	0.690	0.856	
	工作绩效 3	0.715	0.852	
	工作绩效 4	0.638	0.864	
	工作绩效 5	0.637	0.864	
	工作绩效 6	0.762	0.844	

接下来，对员工绩效量表进行 KMO 和巴特利球形检验，结果如表 4-13 所示。一般而言，只有当 KMO 值超过 0.7 且 Bartlett 球形检验的显著性小于 0.05 时，量表的数据才适合进行因子分析。从表 4-13 可见，上下级关系的 6 道测量题项的近似卡方为 897.090，自由度为 15，KMO 值为 0.860，高于标准 0.70，巴特利球形检验的显著水平（$p < 0.001$），这表明员工绩效的样本数据适合做探索性因子分析。

表 4-13　员工绩效量表的 KMO 和巴特利球形检验（N＝308）

KMO 值	近似卡方	自由度	显著性检验
0.860	897.090	15	0.000

接着采用主成分分析法对员工绩效进行探讨性因子分析，结果如表 4-14 所示，提取了 1 个特征值大于 1 的因子，该量表因子的总方差解释量为 62.347％，大于 50％，可接受，表明测量问卷具有较好的效度。

表 4-14 员工绩效量表因子分析的解释总方差（N＝308）

成份	初始特征值			提取平方和载入		
	合计	方差的%	累积%	合计	方差的%	累积%
工作绩效 1	3.741	62.347	62.347	3.741	62.347	62.347
工作绩效 2	0.733	12.211	74.558			
工作绩效 3	0.531	8.853	83.411			
工作绩效 4	0.373	6.219	89.630			
工作绩效 5	0.330	5.506	95.136			
工作绩效 6	0.292	4.864	100.000			

（4）创造力自我效能感的信度与效度分析

首先，对创造力自我效能感进行可信度检验，结果如表 4-15 所示，表明创造力自我效能感的各个显变量的纠正条款总相关系数（CITC）均大于 0.3，各个显变量的条款删除之后的 Cronbach's α 系数均大于 0.5，以及整个量表的 Cronbach's α 系数也都大于 0.6，这表明了创造力自我效能感的量表具有较好的信度。

表 4-15 创造力自我效能感的信度检验（N＝308）

变量	题项	CITC	删除该题项后的 Cronbach's α 系数	变量的 Cronbach's α 系数
创造力自我效能感	创造力自我效能感 1	0.467	0.791	0.805
	创造力自我效能感 2	0.563	0.775	
	创造力自我效能感 3	0.547	0.778	
	创造力自我效能感 4	0.597	0.768	
	创造力自我效能感 5	0.516	0.783	
	创造力自我效能感 6	0.545	0.778	
	创造力自我效能感 7	0.531	0.780	

接下来，对创造力自我效能感量表进行 KMO 和巴特利球形检验，结果如表 4-16 所示。一般而言，只有当 KMO 值超过 0.7 且 Bartlett 球形检验的显著性小于 0.05 时，量表的数据才适合进行因子分析。从表 4-16 可见，创造力自我效能感的 8 道测量题项的近似卡方为 642.723，自由度为 21，KMO 值为 0.786，高于标准 0.70，巴特利球形检验的显著水平（p

＜0.001），这表明创造力自我效能感的样本数据适合做探索性因子分析。

表 4-16 创造力自我效能感量表的 KMO 和巴特利球形检验（N＝308）

KMO 值	近似卡方	自由度	显著性检验
0.786	642.723	21	0.000

接着采用主成分分析法对创造力自我效能感进行探讨性因子分析，结果如表 4-17 所示，提取了 2 个特征值大于 1 的因子，该量表因子的总方差解释量为 62.166％，大于 50％，可接受，表明测量问卷具有较好的效度。

表 4-17 创造力自我效能感量表因子分析的解释总方差（N＝308）

成份	初始特征值			提取平方和载入		
	合计	方差的％	累积％	合计	方差的％	累积％
创造力自我效能感 1	3.232	46.176	46.176	3.232	46.176	46.176
创造力自我效能感 2	1.119	15.990	62.166	1.119	15.990	62.166
创造力自我效能感 3	0.741	10.590	72.756			
创造力自我效能感 4	0.636	9.085	81.841			
创造力自我效能感 5	0.499	7.128	88.969			
创造力自我效能感 6	0.472	6.742	95.711			
创造力自我效能感 7	0.300	4.289	100.000			

第四节 研究结果

一、描述性统计

表 4-18 呈现了本研究涉及变量（教育程度、收入、伦理型领导、员工绩效、创造力自我效能感、员工创造力）的均值、标准差及变量间的相关系数矩阵。数据为我们提出的假设提供了初步的支持。

表 4-18　描述性统计结果（N＝308）

变量	M	SD	1	2	3	4	5	6
1 教育程度	3.01	0.96	—					
2 收入	2.53	1.15	0.41***	—				
3 伦理型领导	3.53	0.57	−0.01	0.01				
4 工作绩效	3.71	0.56	−0.07	0.06	0.12*	—	—	
5 创造力自我效能感	3.20	0.46	−0.02	0.09	0.42***	0.15*	—	
6 员工创造力	3.26	0.59	−0.02	−0.03	0.13*	0.39***	0.22***	—

注：N＝308。M 为平均数，SD 为标准差。教育程度：1＝初中及以下，2＝高中，3＝大专，4＝本科，5＝研究生及以上。收入：1＝（收入≤2000 元），2＝（2000 元＜收入≤3000 元），3＝（3000 元＜收入≤4000 元），4＝（4000 元＜收入≤5000 元），5＝（收入＞5000 元）。* p＜0.05；** p＜0.01；*** p＜0.001。

从表 4-18 我们可以看出，收入和教育程度显著正相关（r＝0.41,p＜0.01），员工工作绩效和伦理型领导显著正相关（r＝0.12,p＜0.05），员工创造力自我效能感和伦理型领导显著正相关（r＝0.42,p＜0.001），员工创造力和伦理型领导显著正相关（r＝0.13,p＜0.05），员工创造力自我效能感和员工绩效显著正相关（r＝0.15,p＜0.05），员工创造力和员工工作绩效显著正相关（r＝0.39,p＜0.001），员工创造力和员工创造力自我效能感显著正相关（r＝0.22,p＜0.001）。

二、假设检验

表 4-19　逐步回归分析统计表（N＝308）

解释变量	创造力自我效能感					员工创造力				
	M_{11}	M_{12}	M_{13}	M_{14}	M_{21}	M_{22}	M_{23}	M_{24}	M_{25}	M_{26}
控制变量										
性别	−0.09	−0.06	−0.07	−0.06	−0.16**	−0.15**	−0.19**	−0.18**	−0.17**	−0.17**
教育程度	−0.07	−0.02	−0.02	−0.02	0.04	0.05	0.07	0.07	0.08	0.08
收入	0.12	0.10	0.09	0.08	−0.08	−0.09	−0.12	−0.12*	−0.14*	−0.13*
自变量										
EL		0.41***	0.40***	0.38***		0.11*	0.07	0.05	−0.01	−0.01

续 表

解释变量	创造力自我效能感					员工创造力				
	M_{11}	M_{12}	M_{13}	M_{14}	M_{21}	M_{22}	M_{23}	M_{24}	M_{25}	M_{26}
调节变量										
WP			0.11*	0.08			0.39***	0.38***	0.37***	0.36***
交互效应										
EL*WP				0.15**				0.11*	0.09	0.08
中介变量										
CE									0.14*	0.13*
交互效应										
CE*WP										0.03
R方	0.02	0.19	0.20	0.22	0.04	0.05	0.20	0.21	0.23	0.23
R方更改	0.02	0.17***	0.01*	0.02**	0.04*	0.01*	0.15***	0.01*	0.02*	0.00
F	1.50	11.74***	10.73***	10.64***	2.53*	2.78*	10.71***	9.97***	9.65***	8.69***

注：$N=308$。性别：1＝男，2＝女。教育程度：1＝初中及以下，2＝高中，3＝大专，4＝本科，5＝研究生及以上。收入：1＝(收入≤2000元)，2＝(2000元＜收入≤3000元)，3＝(3000元＜收入≤4000元)，4＝(4000元＜收入≤5000元)，5＝(收入＞5000元)。* $p<0.05$；** $p<0.01$；*** $p<0.001$。

我们采用了 Muller，Judd，Yzerbyt(2005)的有中介的调节效应检验程序，检验过程及结果如表 4-19 所示。本研究主要采用层次回归分析法对研究假设进行检验。为了避免自变量与交互项相关过高而产生的共线性问题，研究者根据 Aiken，West(1991)的建议，先将自变量进行中心化处理，再计算交互效应项。我们先把伦理型领导、员工工作绩效及员工的创造力自我效能感做中心化处理，再计算伦理型领导、员工创造力自我效能感和员工工作绩效的乘积项。M_{24} 表明伦理型领导与工作绩效的乘积项对员工创造力的调节效应显著($\beta=0.11$，$p<0.05$)。这符合有中介的调节模型检验的第一个要求。M_{12} 表明伦理型领导对员工的创造力自我效能感有显著正向预测作用($\beta=0.41$，$p<0.001$)。这满足有中介的调节模型检验的第二个要求，假设 1 被证明即伦理型领导与员工的创造力自我效能感正相关。M_{14} 表明伦理型领导与员工工作绩效的乘积项对员工的创造力自我效能感的调节效应显著($\beta=0.15$，$p<0.01$)，该结果满足有中介的调节模型假设检验的第三个要求，假设 2 被证明即绩效调节了伦理型领导与员工创造力自我效能感之间的正相关关系。员工工作绩效水

平越高，伦理型领导与员工的创造力自我效能感的正相关关系就越强。M_{26}表明当员工的创造力自我效能感加入后，创造力自我效能感的回归系数显著（$\beta=0.14$，$p<0.05$），伦理型领导与员工工作绩效的乘积项对员工创造力的调节效应变得不显著（$\beta=0.11$，$p>0.10$），这符合有中介的调节模型检验的第四个要求。同时，该结果表明创造力自我效能感完全中介了伦理型领导与员工工作绩效的交互作用对员工创造力的影响。

　　假设 3a 被证明即创造力自我效能感中介了伦理型领导与员工工作绩效的交互作用对员工创造力的影响。

表 4-20　工作绩效的条件间接效应检验

	Indirect effect	SE	Z	P
M-SD	0.03	0.02	1.64	0.11
M	0.06*	0.03	2.23	0.03
M+SD	0.08*	0.04	2.24	0.03

　　为进一步分析工作绩效的调节作用模式，我们实施了简单坡度分析。如图 4-2(a)所示，伦理型领导与创造力自我效能感的关系在高绩效水平下（$\beta=0.60$，$p<0.001$）比低绩效水平下（$\beta=0.22$，$p>0.05$）更强。如图 4-2(b)所示，伦理型领导与员工创造力的关系，在高工作绩效下显著（$\beta=0.35$，$p<0.01$），在低水平工作绩效下则不显著（$\beta=-0.23$，$p>0.05$）。

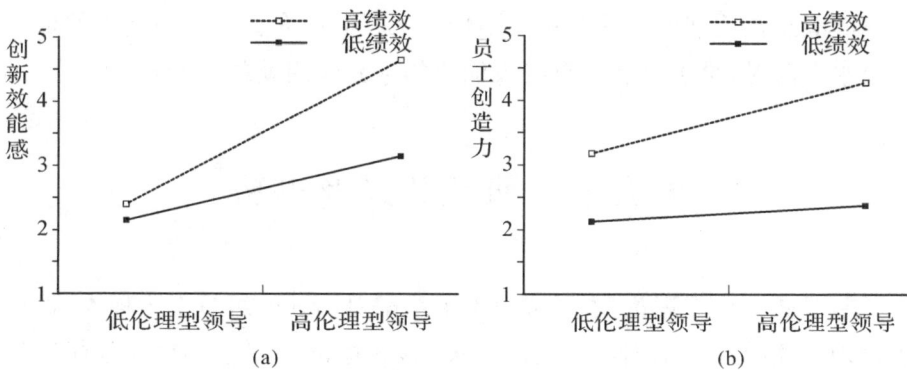

图 4-2　员工工作绩效的调节作用模式

　　虽然我们采用 Muller，Judd，Yzerbyt(2005)的检验程序得到的结果支持了假设 3a,但需要指出的是,随着研究的深入,越来越多的学者呼吁对有中介的调节作用和有调节的中介作用统计应该进行更精确的检验。因此,我们采用了 Preacher,Rucker,Hayes(2007)提出的条件间接效应检验程序对假设 3b 进行检验。该程序涵盖了有调节的中介作用和有中介的调节作用模型,Preacher,Rucker,Hayes(2007)将这两类模型统一称作被调节的中介模型。条件间接效应检验方法目前被广泛应用到组织管理领域的研究中(Chen,Kirkman,Kim,Farh,Tangirala,2010)。

假设 3b 认为:员工工作绩效水平调节了创造力自我效能感对伦理型领导与员工创造力关系的中介作用,当员工工作绩效水平较高时,员工创造力自我效能感在伦理型领导与员工创造力的关系间的中介作用更强,即条件间接效应。我们采用了 Preacher,Rucker,Hayes(2007)提出的步骤及开发的方法来检验在不同绩效水平上,创造力自我效能感中介作用的路径及显著性。结果如表 4-20 所示。将样本按照员工绩效的高低分为两组,高于员工绩效其均值一个标准差的数据作为第一组,低于员工绩效其均值一个标准差的数据作为第二组,分别对两组的中介作用进行评估。

从表 4-20 可以看出,当员工的工作绩效水平较高时(员工绩效水平处于均值及以上时),员工工作绩效的间接效应显著。表明员工的高工作绩效水平强化了员工创造力自我效能感在伦理型领导与员工创造力关系中的中介作用。假设 3b 得到验证,即员工的工作绩效调节了员工创造力自我效能感在伦理型领导与员工创造力之间的中介作用。当员工的工作绩效水平高时,员工创造力自我效能感的中介作用就越强。

第五节　研究意义及展望

基于社会认知理论,本研究以上下级配对的 308 组员工为样本,探讨了伦理型领导与员工创造力之间的关系,并探讨了创造力自我效能感的中介机制与员工工作绩效水平的调节机制。研究对更全面掌握伦理型领导的效用机制尤其是其心理机制做出了一定理论贡献,同时又进一步扩充和丰富了中国背景下伦理型领导的内涵。

一、理论意义

研究表明自我效能感完全中介了伦理型领导对员工创造力的影响。作为重要的组织情景因素，伦理型领导要发挥其效用，并不是直接对员工的心理和行为产生影响，而是通过员工创造力自我效能感这一中介来完成。换而言之，下属的创造力自我效能感是伦理型领导行为这一环境因素发挥效用的一个"阀门"，阀门开启的程度大小决定了伦理型领导行为通过这条路径影响下属创造力的作用的大小。这可能是因为，个体在参与创造性活动的过程中需要一种内在的、持续的动力来鼓舞自己，创造力自我效能感恰好为面临挑战的个体树立了一种自我肯定的强有力的信念（洪雁，王端旭，2011）。当个体对创造性活动取得预期成果有信心时，他会更乐于从事创造性活动，反之当个体对创造性活动取得预期成果没有信心时，他不会从事创造性活动。如果伦理型领导不能有效提高员工的创造力自我效能感，那么它对下属创造力发展的影响就会在一定程度上削弱。根据社会认知理论，自我效能感作为一种心理资源，个体的行为可能都源于其自我效能感。从这个角度上，本研究的结果进一步支持了认知评价理论。

以上的中介效应分析告诉我们伦理型领导对下属创造力的影响效果是通过下属创造力自我效能感这一中介变量传导的，这样的解释虽然加深了对伦理型领导对员工创造力影响机制的理解和认识，然而仍然不够充分。因为中介效应只是揭示了伦理型领导行为对下属创造力作用的一种纵向链条，还无法反映横向的不同情境下这一作用效果的针对性（魏峰，袁欣，邸杨，2009）。本研究引入了员工以往工作绩效水平这一变量，期望探讨在不同绩效水平情景下，伦理型领导通过创造力自我效能感对员工创造力影响效应的变化趋势。研究结果显示，员工的工作绩效水平与伦理型领导的交互作用强化了员工创造力自我效能感的中介作用，尤其是在高工作绩效水平情景下，工作绩效水平与伦理型领导的交互作用与员工创造力自我效能感的关系更加紧密。该结果再一次验证了社会认知理论中关于以前工作绩效是重要的个体自我效能感树立的影响变量。伦理型领导可以通过自身的榜样作用、正确的言语说服等手段对员工创造力自我效能感的树立产生积极影响，这种影响在员工具有较高工作绩效时更加强烈，这可能是因为员工的工作绩效是过去工作行为的结果，工作绩效水平高表明其工作能力、方法都具有较高的水准，从而表现出较高的工作控制感，因此当其面对创造性的工作时，员工对该工作更具信心，因此强化伦理型领导对创造力自我效能感的正向影响，进而有力地促进了员工创造力水平的提升。

二、管理启示

本研究的管理启示如下：(1)组织的领导者，应该努力践行伦理型领导的行为，通过伦理型领导行为的实施，有效提高员工的创造力自我效能感水平，从而激发员工的创造力，并促进其创新性想法的产生并运用于实践，以提高组织创造力的培育，更好地适应越来越激烈的市场竞争。(2)组织中应努力倡导高绩效文化，通过创设各种条件，提供支持性的工作环境，着力提高员工的绩效水平。根据认会认知理论，高绩效水平可以有效地提高员工的创造力自我效能感水平，员工进而会在实现组织目标过程中会表现出高的创造力水平。

三、研究不足及展望

由于各种主客观原因的限制，本文尚存在一些局限之处，在后续研究中需要进一步完善。首先，本研究采用截面数据对变量间的关系进行研究，忽视了时间效应对研究结果的影响，难以考察伦理型领导通过创造力自我效能感对员工创造力产生影响的动态过程。未来研究者可以采用时间序列设计，通过系列数据精细刻画变量间的关系，这将会使得相关变量之间的因果关系更具说服力。其次，本研究引入工作绩效这一员工工作结果变量，探讨其在员工创造力发生过程中的调节作用，研究中使用的量表测量的是一般意义上领导者对员工工作结果的评定，结果发现员工的绩效水平对其创造力水平具有重要影响。但从本研究的主题来看，后续研究者如能采用员工的创造力绩效或者创新绩效，可能会更精确地发现工作绩效在员工创造力形成机制中的作用。最后，本研究使用了国际上具有权威影响的伦理型领导量表来研究伦理型领导，统计分析表明其具有较高的信效度，研究结果也得到了证实。但是中国背景下伦理型领导可能与西方文化背景下的伦理型领导具有不同的结构和特征。因此，为了进一步拓展中国文化背景组织中伦理型领导理论及其效用机制的研究,伦理型领导测量量表的本土化是未来研究者需要关注的一个方向。

第六节　结　论

通过以上的验证分析,本研究的结果表明伦理型领导与员工创造力自我效能感正相关,即伦理型领导的水平越高,员工的创造力自我效能感越强;员工工作绩效水平与伦理型领导的交互作用强化了创造力自我效能感;创造力自我效能感中介了伦理型领导与员工的工作绩效的交互作用对员工创造力的影响;员工的工作绩效水平调节了创造力自我效能感对伦理型领导与创造力的中介作用,即员工的工作绩效水平越高,创造力自我效能感在伦理型领导与员工创造力之间关系的中介作用越强。

第五章 伦理型领导、组织公平与员工创新行为

[本章导读]

本章主要围绕的是伦理型领导通过组织公平影响员工创新行为的机制问题。根据社会交换理论，互动公平作为一个员工心理内部对组织的感知，反映了员工能否做出有利于组织的行为意愿，而该行为能否转为创新行为取决于员工互动公平感知的强弱。而互动公平如何作为一个中介机制对伦理型领导和员工的创新行为的关系产生影响的呢？基于此，本研究以社会交换理论为理论背景，通过分析由问卷调查获得的 336 名员工及其直接主管的配对数据，试图探讨在中国情境下伦理型领导、互动公平和员工创新行为之间的密切关系，进一步检验互动公平的中介作用。结果发现：伦理型领导与员工创新行为之间有显著的正相关；伦理型领导和互动公平具有显著的正相关关系；互动公平与员工的创新行为也具有显著的正向关系；互动公平在伦理型领导与员工创新行为之间具有部分中介作用。

第一节 问题的提出

进入 21 世纪以来，外部环境的动态性以及竞争的不确定性日趋加强，几乎所有组织都面临着以产品生命周期缩短、技术迅速变化以及全球化为特征的动态环境，为了生存、竞争、成长，并持续前进，组织需要比以前表现出更多的创新（Scott，Bruce，1994）。贝恩咨询公司与《财富》杂志在 2009 年对中国经理人进行的一项联合调查显示：即使在经济不景气的形势下，仍然有 8% 的被调查者认为，"对于长期的成功，创新比降低成

本更重要"。在现代企业中,创新逐渐成为企业的关键资源,员工创新行为不仅代表着一个企业在动态环境中的后续发展能力,更是企业创新的源泉和基础。对其诱发前因及其形成机制进行研究至关重要(Karin,Matthijs,Nicole,Sandra,Claudia,2010)。在多元化价值观的冲突和市场经济趋利性的影响下,领导者的道德伦理问题逐渐浮现。多家公司出现道德丑闻的情况使大家把注意力集中在了领导者的道德问题上。因此,如何合理运用领导职权以影响员工行为,如何有效激发员工创新行为,更好地实现组织目标,已成为产学两界都非常关注的问题。以往的研究大多以创新的个体特征为视角而开展研究,对组织情境视角研究员工创新行为研究较少,目前对创新行为的研究主要集中在组织情境视角。

许多管理学者认为,领导的一个重要职责就是促进员工创新行为的产生,并最终获得持续的组织竞争优势和组织成功(Shalley,Zhou,Oldham,2004;Zhang,Bartol,2010)。在组织中,领导者由于拥有大量的资源及影响力,通常被认为是影响员工创新行为的重要的情景因素之一,特别在积极组织行为学领域,领导认为被是促进员工创新的重要情境变量,有助于促使组织获取持久的竞争优势以达到快速的发展和变革,且已有研究对这两者之间的关系进行了深入的探究。最近,越来越多的研究开始关注领导风格如变革型领导、授权型领导和包容性领导对员工创新行为的影响(Pieterse,Knippenberg,Schippers,2010;Zhang,Bartol,2010;Carmeli,Reiter-Palmon,Ziv,2010)。石冠峰,杨高峰(2015)以及杨梦园(2016)的研究都表明真实型领导对员工创新行为有显著的正向影响。梁巧转,张真真,李洁(2016)的研究进一步证明了真实型领导通过员工心理资本对员工创新行为产生积极影响。管春英,汪群(2016)的研究验证了道德型领导对员工创新行为具有显著的正向影响。黄秋风,唐宁玉(2016)证明了相对于交易型领导,变革型领导对员工创新行为的影响更大。另外,包容型领导对员工创新行为也有显著的正向影响(梁祺,苏涛永,2016;梁祺,张纯,2016)。而家长式领导对于员工的创新行为有负向影响(王双龙,周海华,2013;王振华,2014;李珲,丁刚,李新建,2014)。

从相关理论的研究主线来看,目前学者主要是从心理状态因素,例如内在动机(Shin,Zhou,2003)和心理安全(Edmondson,1999),解释领导行为与员工创新行为之间的作用机制。但随后的研究发现,这些因素的作用并不稳健(Grant，Berry，2011)，继而有学者呼唤更加全面的理论视角和实证研究(Shalley，Zhou，Oldham，2004)。在员工创新行为作用机理研究中，员工是否有进行创新的意愿一直被认为是一个重要的研究线索。而根据社会交换理论，互动公平作为一个员工心理内部对组织的感知，反映了员工能否做出有利于组织的行为意愿，而该行为能否转为创新行为取决于员工互动公平感知的强弱。而互动公平又是如何作为一个中介机制对伦理型领导和员工的创新行为的关系产生影响的呢？

这一现象在理论上阻碍了对组织中员工创新行为发生机制更深入的探究，在实践上则导致组织对员工创新行为鼓励效力的不足。以上问题为目前急于寻求员工创新行为中介机制及鼓励政策的中国组织管理者提供了一条有益的思考路径，也构成了本文的研究初衷。本研究将通过检验伦理型领导对员工创新行为的影响以及互动公平的中介设计，对以上问题进行研究，试图了解领导特征对下属创新行为的影响力，在理论上可以清晰认识伦理型领导对创新行为的影响机制，实践上则有助于组织积极应对以激发员工创新行为。

第二节　理论与假设

一、伦理型领导与员工创新行为

领导是对员工心理与行为具有重要影响的组织情景因素(Kacmar，Bachrach，Harris，Zivnuska，2011)。伦理型领导是指领导者"在自身行为以及人际交往中表现出符合道德规范，并通过双向沟通、强化和决策活动来激发下属的这类行为"(Brown，Treviño，Harrison，2005)。这类领导通过自身的道德行为和观念影响员工的道德行为及观念，是组织成员面对道德困境时效仿的榜样(Brief，Dietz，Cohen，Pugh，Vaslow，2000)。因为伦理型领导兼具了多种类型领导的特征(Piccolo，Greenbaum，Hartog，Folger，2010)，同时又响应了时代的要求，因此近年来颇受国内外学者的关注。与交易型领导、变革型领导以及真实型领导等相比较，伦理型领导与这些领导一样都关心体谅员工、诚实正直及为员工树立典范,因此它同时具备多种类型领导的特征(Brown,Treviño,Harrison,2005),只是伦理型领导更加强调伦理管理。已有研究表明,伦理型领导对下属的工作结果具有正向促进作用,如郑晓明,王倩倩(2016)的研究表明伦理型领导可以促进员工的助人行为,杨齐(2016)的研究也表明伦理型领导对员工知识共享有显著正向作用;相反,伦理型领导对组织中的消极现象具有抑制作用,如伦理型领导对员工反生产行为有抑制作用(张永军,2015;张永军,赵国祥,2015)。

创新与创造力都包含新颖的、有用的想法或产品或步骤,相比于创造力创新更强调对生产结果的运用。创新大致可以分为三个层次,分别是员工创新,团队创新与组织创新,本文研究的是员工创新,同样本文的创新行为也指的是员工创新行为。创新行为是员工产生与工作有关的创新构想,或工作中遇到的问题解决方案,努力搜寻上述构想或方案的支持,并将构想或方案应用于工作实践的行为(Scott,Bruce,1994)。创新行为包括采用新的技术、提出新的概念、应用新的方法、寻找新的技术、改进管理与工作流程等。员工创新行为的影响因素包括个性特征、个体的认知和技能、组织和团队特征、领导特征以及文化特征。Kanter,Scott 把创新行为界定为三个阶段:(1)确认创新问题和商讨解决问题的想法;(2)寻求对员工创新想法的支持并组建支持者同盟;(3)实施创新构想推出一系列产品和服务,最终实现其制度化。创新活动是由每一阶段的不同活动组成的,这些活动是不连续的,个体在每一阶段的活动之各司其职参与行为。员工作为组织的重要组成部分,会参与到活动的各个阶段,因此员工的创新行为对企业有重要意义。

根据伦理型领导的内涵,我们推测伦理型领导会促进组织中员工创新行为的产生。首先,社会学习理论认为,员工在组织内部会将领导者作为学习的榜样。一方面,员工通过反思自身的工作行为来判断行为道德;另一方面,员工通过他人工作行为中所受到的奖惩来判断行为的道德,并据此不断调整自己的行为。在领导方式中,伦理型领导的实施也利用这种榜样学习行为,以有效地实现对组织内部员工道德行为的影响。因此,伦理型领导的下属更可能是一个品德优秀的人,员工通过在工作中表现出积极的组织行为,如不断纠正自身的消极行为以及创新行为等来获取伦理型领导者的关注。其次,伦理型领导在实施中注重公平,易于倾听不同员工的意见,并赋予组织员工自主权和话语权,有利于激发员工的内在动力,进而推动员工创新行为的产生。再次,伦理型领导作为支持型领导的一种,具有正直性,而正直性一直是中华民族推崇的传统价值观念,它意味着具有道德并且遵从自我良知。而在组织行为领域中,拥有正直性的领导者为人坦率,公平公正地对待下属,关心下属,为下属的工作提供相应支持,在一定程度上为下属创造了良好的工作环境相关。研究表明,领导者在与下属沟通交流中往往会表现出正直诚实,从而提高其下属对领导者和组织的认同,有利于促进下属努力工作或亲社会行为的实施,如组织公民行为、进谏行为等(Avolio,Gardner,Walumbwa,2004)。因此,拥有正直性的领导者能公平地对待下属,并信任下属,能有效提高下属对组织的认同,出于"投桃报李"的想法,从而影响员工的创新行为。另外,当团队成员对他们的领导足够信任时,他们更愿意遵循伦理程序和任务风险(Hoyt,Price,Poatsy,2013)。如果员工感知到他们领导者是缺乏道德的,他们更会在工作场所中变得紧张、有压力和沮丧,也更会展现出反生产行为,比如在解决任务时作弊,这会减少工作产出(Ariely,2012；Detert,Treviño,Burris,Andiappan,2007；Gino,Ariely,2012；Hoyt,Price,Poatsy,2013)。伦理型领导具有利他主义的特质,其对待下属慷慨大方、友善关心下属,并且重视下属的利益,以往的研究表明,领导者的利他行为有助于建立与下属的良好关系,并且这种关系会促进员工积极参与创新活动,以及更易接受具有风险性和挑战性的任务(Basu,Green,1997；Scott,Bruce,1994；Tierney,1992,2000)。最后,伦理型领导具有集体激励的品行,擅长激励员工,让员工体会到领导对其工作的重视,有助于员工产生较强的胜任感与自我满足感,进而更好地达成工作目标,在与下属同事交流过程中,以团队、集体为主,善于帮助下属建立自信,启发和引导下属,鼓励员工挑战传统的工作方式,从其他角度思考问题,追求和满足他们的好奇心,运用他们的想象力想出更多的观点和解决方案。因此,本研究提出如下假设。

假设1:伦理型领导和员工创新行为正相关。

二、伦理型领导与互动公平

组织公正感关系到组织的绩效与竞争力,是组织最重要的特性之一

（Greenberg，1990）。根据亚当斯的公平理论，组织公平是指组织中的员工对与个人利益有关的政策，制度，措施，领导方式等的公平感受。研究发现组织公平可以减轻离职倾向，提高员工的责任心与组织公民行为（Erkutlu，2011）。组织公平至少分为三种不同的类型，包括分配公平、程序公平、以及互动公平（Colquitt，2001）。互动公平被称为组织公平研究的第三次浪潮（Colquitt，Greenberg，Zapata-Phelan，2005），可以预期的是互动公平的研究潮流将比前两次来得更为壮观，毕竟无论是现实世界的组织变革、冲突管理、协商（Bies，2005），还是虚拟世界的互动（James，Henslin，2007），互动沟通无处不在。特别是在注重关系、面子和人情的华人社会，互动公平在组织内部沟通中将扮演更为重要的作用。

互动公平用于反映人们对沟通过程中所受对待质量的认知，包括信息公平和人际公平，分别体现了沟通的信息传递和态度传递的两个方面（Bies，2005）。在中国社会，人们注重关系、面子和人情，因此互动公平在企业内部沟通中有着不可忽视的作用。在互动公平涉及人际关系的方面，强调决策执行中员工感受到的领导人际对待的公平性（Greenberg，1990）。由于在中国背景下的组织更具人性化，因此相对分配公平和程序公平这些程序化变量而言，体现领导与员工之间人际关系质量的互动公平这一变量能更好地预测个体的绩效与行为（何轩，2009）。西方学界围绕组织公平"是什么"、"为什么"、"如何形成"及其效果四个方面进行了大量研究；国内学者朱其权，龙立荣（2009）描述了互动公平的地位、测量、影响因素及效果。

互动公平的前因变量包括上级因素、下级因素、上下级相似性。上级因素包括上级人格特征（如宜人性和人际公平氛围、信息公平氛围、神经质和人际公平氛围、信息公平）和上级行为变量（如上级的解释方式）。下级因素包括下级人格变量和下级行为变量。上下级相似包括，性别相似性和年龄相似性。互动公平的结果变量包括个体层次结果变量（结果满意度、绩效、OCB-I、OCB-O、退缩负面反应、当局代理估计、当局系统估计、信任工作满意度、组织承诺）和群体层次结果变量。近年来，越来越多的国内外学者开始关注到互动公平在组织中的重要作用。例如，互动公平和积极的工作结果（如角色外行为和组织公民行为）之间的关系在互动公平和群体卷入模型的研究中已经被发现（Blader，Tyler，2009；Colquitt，

2001）。郑晓明，刘鑫（2016）的研究揭示了互动公平影响员工幸福感的内在机制和边界条件，他们认为心理授权中介了互动公平对员工幸福感的影响作用，这一研究结果可以帮助管理者有效地提高员工幸福感。

在管理实践中，伦理型领导可以通过以下方式增强员工的互动公平感：首先，伦理型领导具备诚实可靠、公平公正的品质，在资源分配和人际交往中对员工一视同仁，同时依靠地位与权力成为他人学习效仿的榜样（Brown，Treviño，Harrison，2005），从而营造组织公平公正的工作环境。互动公平强调在组织中个体感受到的人际对待的公平性，它构成了下属对领导道德判断的基础。当下属感受到领导者的公平对待和尊重时，他们会对领导者产生较高的信任和道德感知。这种对领导者的正面评价促使下属将注意力集中在伦理型领导身上，视他们为榜样。其次，伦理型领导在人际交往中重视平等、自由等基本人权，鼓励员工发表观点并参与到组织决策中来（Zhu，May，Avolio，2004），体现组织对员工的尊重与支持，进而促使互动公平感的产生与强化。最后，伦理型领导强调双向沟通并愿意公开交流，进一步增强了上下级间坦率而开放的互动关系（洪雁，王端旭，2011），特别是当员工受到组织决策的不利影响时，伦理型领导会通过高质量的沟通与互动，获取员工的理解与支持，同时稳固员工的互动公平感。因此，本研究提出如下假设。

假设 2：伦理型领导和互动公平正相关。

三、互动公平与创新行为

社会交换理论认为，组织和员工之间关系的实质是一种社会交换关系，而员工的行为则是该交换关系的结果，员工只有在得到某种程度的满足后才会有相应的付出。基于社会交换理论，本研究将探讨组织代理人——伦理型领导对员工创新行为的作用机制。员工会将自身付出的努力与获得的报酬进行比较，从而决定自己的投入程度（March，Simon，1958）。外部环境的变化是导致个体行为变化的主要原因，组织成员对组织是否公平的认知，将影响组织成员的工作意愿和行为倾向（严丹，张立军，2010）。当组织成员获得外部充足的资源时，能够对其将创新力转化为创新成果产生推动作用（Shalley，Zhou，Oldham，2004）。

互动公平感可以通过以下方式增强员工的创新行为：首先，Zapata-

Phelan，Colquitt，Scott，Livingston(2009)认为，互动公正能影响个体的内部动机。当个体感知被公正对待时，会对工作任务产生更多的兴趣以及更高的内部动机，具体而言当员工感知到领导的公平对待时，会产生更多的角色外行为以及更多的努力，因为他们认为在领导是注重公平的情况下自己的工作结果是会被认同的；反之，面对低伦理型领导，员工则会降低对工作的兴趣和内部动机，他们的研究也证实了互动公正对内部动机的正向影响，而内部动机一直以来都被认为是影响员工创新行为的重要机制，内部动机越高的个体会表现出更多的创新行为。内部动机能够加速个体的认知进程，受内部动机驱动的个体对工作有更多的热情，充满好奇心，更加倾向于搜索和使用非常规的问题解决方案。由于创新需要突破已有的框架并且承担相应的风险，因此在开展创新行为的时候个体常常需要付出更多以及持久的努力和精力，而这需要有较强的内部动机来予以推动。此外，员工感受到互动公平时，则意味着受到上级的信任、重视和尊重，基于社会交换理论的互惠原则，互动公正会向员工传递一种有关自己在组织中的价值、地位以及未来发展的信息，而员工则会通过这些信息来判断自己与组织的交换关系。当感到受到公正对待时，员工就会在工作中通过投入更多的时间和努力来回报组织。同时，员工创新行为具有挑战现状的特点，具有一定的风险性，可能会面临着创新失败，上级的公平对待作为员工心理安全感的重要来源，恰恰能够为员工创新行为提供基本的安全保障。反之，当员工感受到互动不公平，意味着上级对自己冷漠、不够尊重，上下级之间的互惠关系以及心理安全感都会受到负面的影响，员工会减少创新行为这类具有风险的行为。因而基于以上论述，本文推断，感知到互动公平的员工会付出更多的努力来进行创新。因此，本研究提出如下假设。

假设 3：互动公平和员工的创新行为正相关。

四、互动公平在伦理型领导与员工创新行为关系间的中介作用

研究指出互动公平可以作为领导行为有效性的中介变量（Pillai，Schrieshei，Williams，1999)，那么伦理型领导是如何通过互动公平来影响员工的创新行为的呢？根据社会交换理论，伦理型领导坚持在组织管理中公平与非歧视对待所有人，强调组织利益与员工个人利益的平衡，强

调满足员工的个人需要与组织需要并重（Piccolo，Greenbaum，Hartog，2010），从而增强员工互动公平感知。当员工互动公平感较高时，会对领导产生较高的信任感，并学习模仿伦理型领导的价值观和行为（Brown，Treviño，Harrison，2005），从而乐于接受挑战，另辟蹊径，运用想象力提出更多的解决措施。此外，基于互惠原则，员工的互动公平感是作用于角色外行为的重要变量（Erkutlu，2011）。互动公平会提高员工的组织支持感（Cheung，2013），出于"投桃报李"的想法，员工会通过发挥更多的创新行为等回报组织。因此，本研究提出如下假设。

假设 4：互动公平中介了伦理型领导与员工创新行为的关系。

综上所述，本研究的框架模型如图 5-1 所示。

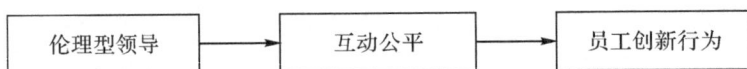

图 5-1　研究框架图

第三节　数据分析与结果

一、数据收集

为降低共同方法偏差对研究结果的影响，本研究采用异源评价方法。伦理型领导和互动公平由员工评价，下属的创新行为由其直接上级进行评价。问卷发放前对员工进行编号并标注在员工问卷上，在直接上级问卷上标明所要评价的下属编号和姓名。问卷回收后，按照编号对员工和上级问卷进行配对。本研究主要通过纸质和电子版两种方式进行数据收集。纸质版主要通过老师介绍的企业和其 MBA 学员进行发放，对象主要是办公室职员。在发放前，确定被试者认真阅读了问卷指导语，同时沟通了本次研究的目的和注意事项，并保证不会泄露问卷的信息。电子版主要通过同学、朋友等熟人关系进行发放，同时将注意事项通过 QQ 或邮件发给被试，以提高他们对本次研究的重视，此外，在调查方式上主要通过问卷星网站进行匿名填写，以降低被试心理的防御，从而提高问卷结果的真实性。

　　本研究样本来源于浙江及河北省 15 家企业,主要来自制造、高新技术及贸易等行业。发放问卷 350 份,回收 340 份(回收率 97.14%),剔除缺失数据过多、重复作答严重及无法配对等无效问卷后,得到有效问卷 336 份(有效率 98.82%)。被试者的基本情况如表 5-1 所示。

表 5-1　样本的描述性统计结果

	调查项目	样本数量	样本所占比(%)
性别	男	158	47
	女	178	53
年龄	20 岁及以下	5	1.5
	>20—25 岁	64	19.0
	>25—30 岁	136	40.5
	>30—35 岁	62	18.5
	35 岁以上	69	20.5
工龄	3 年及以下	109	32.4
	>3—6 年	83	24.7
	>6—9 年	62	18.5
	>9—12 年	32	9.5
	12 年以上	50	14.9
教育程度	初中及以下	26	7.7
	高中	68	20.2
	大专	133	39.6
	本科	101	30.1
	研究生及以上	8	2.4
月收入	3 000 元	64	19.0
	大于 3 000—5 000 元	136	40.6
	大于 5 000—7 000 元	78	23.2
	大于 7 000—9 000 元	24	7.1
	大于 9 000 元	34	10.1

样本量基本符合研究的要求，被试者的基本情况如表所示。男性 145 人（48.0%），女性 157 人（52.0%）；年龄在 20 岁及以下有 5 人（1.5%），20—25 岁有 64 人（19.0%），年龄以 25—30 岁为主有 136 人（40.5%），30—35 岁有 62 人（18.5%），35 岁以上有 69 人（20.5%）；工龄以 3 年以下（32.4%）及 3—6 年（24.7%）为主，工龄在 6—9 年的有 62 人（18.5%），在 9—12 年的有 32 人（9.5%），在 12 年及以上有 50 人（14.9%）。教育程度在初中及以下有 26 人（7.7%），高中 68 人（20.2%），大专 133 人（39.6%），本科 101 人（30.1%），研究生及以上 8 人（2.4%）。月收入在 3000 元以下的有 64 人（19.0%），大于 3000 小于等于 5000 元的有 136 人（40.5%），大于 5000 小于等于 7000 元的有 78 人（23.2%），大于 7000 小于等于 9000 元的有 24 人（7.1%），大于 9000 元的有 34 人（10.1%）。

二、测量工具

伦理型领导采用 Brown，Treviño，Harrison（2005）的 10 题道德领导量表。用 Likert 5 点计分法，即"1＝完全不符合，5＝完全符合"。低分代表低伦理型领导水平，高分代表高伦理型领导水平。样题如"我的领导给我们树立了如何有道德地处理事情的榜样"，"我的领导界定成功时，不仅仅看结果，还会考虑获得结果的过程。"，具体测量题项如表 5-2 所示。CFA 结果表明（$\chi2/df = 1.787$，$RMSEA = 0.0048$，$NFI = 0.969$，$RFI = 0.954$，$IFI = 0.986$，$CFI = 0.986$，$GFI = 0.969$），伦理型领导的量表在本研究中具有较高效度。本研究中伦理型领导量表的 α 系数为 0.83。

表 5-2　伦理型领导的测量题项

维　度	序　号	题　项
单维	1	我的领导总能听取下属的意见
	2	我的领导会惩罚违反道德标准的下属
	3	生活中,我的领导总是遵守道德规范
	4	我的领导总是关心下属的最大利益
	5	我的领导总是做出公平、公正的决策
	6	我的领导是个值得信赖的人
	7	我的领导会和我们一起讨论价值观和商业道德问题
	8	我的领导给我们树立了如何有道德地处理事情的榜样
	9	我的领导界定成功,不仅看结果,还会考虑获得结果的过程
	10	我的领导在做决策时经常会问:"怎样做才是正确的?"

互动公平采用 Niehoff，Moorman(1993)的 5 题互动公平量表。用 Likert 5 点计分,即"1＝完全不符合,5＝完全符合"。低分代表互动公平水平低,高分代表互动公平水平高。样题如"我的上级会让我知道我的绩效评估结果并能够提供合适的理由。","我的上级和我一起回顾我的行为表现并讨论了改进的计划和目标。"具体测量题项如表 5-3 所示。CFA 结果表明($\chi2/df＝1.522$,RMSEA＝0.061,NFI＝0.989,RFI＝0.972,IFI ＝0.994,CFI＝0.994,GFI＝0.990),互动公平的量表在本研究中具有较高效度。本研究中互动公平量表 α 系数为 0.85。

表 5-3　互动公平的测量题项

维　度	序　号	题　项
互动公平	1	我的上级对我的工作表现非常熟悉
	2	我的上级在进行绩效评估时允许我阐述自己的观点
	3	我的上级会让我知道我的绩效评估结果并能够提供合适的
	4	我的上级会让我知道我的加薪情况和年终奖并提供合适的
	5	我的上级和我一起回顾我的行为表现并讨论了改进的计划

员工创新行为采用刘云,石金涛(2009)编制的 5 题单维量表,采用 5 点评分法,即"1＝完全不符合,5＝完全符合",源量表信度为 0.86。低分

代表创新行为水平低,高分代表创新行为水平高。样题如"他/她为了实现新想法去获取所需要的资源","他/她会积极地制定适当的计划或规划来落实新想法",具体测量题项如表 5-4。CFA 结果表明($\chi2/df=1.307$,RMSEA$=0.054$,NFI$=0.984$,RFI$=0.960$,IFI$=0.992$,CFI$=0.992$,GFI$=0.988$),员工创新行为的量表在本研究中具有较高效度。本研究中员工创新行为量表 α 系数为 0.87。

表 5-4　员工创新行为的测量题项

维　度	序　号	题　项
员工创新行为	1	他/她会寻找新的技术、流程、技巧或产品概念
	2	他/她经常有新颖、创新的想法
	3	他/她会向别人提出并倡导新的想法
	4	他/她会为了实现新想法去获取需要的资源
	5	他/她会制定合适的计划和时间表来落实新想法
	6	他/她具有创新意识

三、数据处理

数据全部录入计算机,运用 SPSS 13.0 及 AMOS 7.0 进行数据处理,主要采用相关分析及多元回归分析的统计方法。

四、量表的信度和效度分析

效度即问卷的有效性,是反映问卷能否准确测量出所需测量事物的指标。效度检验总共分为两步:(1)首先运用 SPSS16.0 计算问卷的 Bartlett 球形检验值和 KMO 值,来判断样本数据是否能作因子分析,当 KMO 大于 0.7,则比较适合做因子分析;Bartlett 球形检验值是用于检测问项间相关系数是否显著的指标,如果显著(sig.<0.05),则适合做因子分析;(2)运用因子分析法来测量问卷的结构效度,用累积贡献率来反映,若其达到 60% 以上,表示共同因素对的累积有效程度是可靠的。

(1)伦理型领导的信度与效度分析

首先,对伦理型领导进行可信度检验,结果如表 5-5 所示。可见,每个题项的纠正条款总相关系数(CITC)均大于 0.3,各个显变量的条款删除之后的 Cronbach's α 系数均大于 0.5,以及整个量表的 Cronbach's α 系数也都大于 0.6,这表明了伦理型领导的量表具有较好的信度。

表 5-5 伦理型领导的信度检验(N=302)

变量	题项	CITC	删除该题项后的 Cronbach's α 系数	变量的 Cronbach's α 系数
伦理型领导	伦理型领导 1	0.638	0.895	0.903
	伦理型领导 2	0.418	0.909	
	伦理型领导 3	0.679	0.893	
	伦理型领导 4	0.680	0.892	
	伦理型领导 5	0.742	0.888	
	伦理型领导 6	0.755	0.888	
	伦理型领导 7	0.655	0.894	
	伦理型领导 8	0.793	0.885	
	伦理型领导 9	0.672	0.893	
	伦理型领导 10	0.582	0.899	

接下来,对伦理型领导量表进行 KMO 和巴特利球形检验,结果如表 5-6 所示。一般而言,只有当 KMO 值超过 0.7 并且巴特利球形检验的显著性小于 0.05 时,量表的数据才适合进行因子分析。从表 5-6 可见,伦理型领导的 10 道测量题项的近似卡方为 1 733.755,自由度为 45,KMO 值为 0.923,高于标准 0.7,巴特利球形检验的显著水平(p<0.001),这说明了伦理型领导的样本数据适合做探索性因子分析。

表 5-6 伦理型领导量表的 KMO 和巴特利球形检验(N=302)

KMO 值	近似卡方	自由度	显著性检验
0.923	1 733.755	45	0.000

接着采用主成分分析法对伦理型领导进行探讨性因子分析,结果如表 5-7 所示。提取了 1 个特征值大于 1 的因子,且这个因子的总方差解释量为 50.21%,大于 50%,可接受。

表 5-7　伦理型领导因子分析的解释总方差（N＝302）

成份	初始特征值			提取平方和载入		
	合计	方差的％	累积％	合计	方差的％	累积％
伦理型领导 1	5.471	54.709	54.709	5.471	54.709	54.709
伦理型领导 2	0.843	8.432	63.141			
伦理型领导 3	0.799	7.992	71.133			
伦理型领导 4	0.568	5.684	76.816			
伦理型领导 5	0.544	5.439	82.255			
伦理型领导 6	0.472	4.724	86.979			
伦理型领导 7	0.426	4.261	91.240			
伦理型领导 8	0.383	3.831	95.071			
伦理型领导 9	0.268	2.678	97.749			
伦理型领导 10	0.225	2.251	100.000			

（2）互动公平的信度和效度分析

首先，对互动公平进行可信度检验，结果如表 5-8 所示。可见，每个题项的纠正条款总相关系数（CITC）均大于 0.3，各个显变量的条款删除之后的 Cronbach's α 系数均大于 0.5，以及整个量表的 Cronbach's α 系数也都大于 0.6，这表明了互动公平的量表具有较好的信度。

表 5-8　互动公平的信度检验（N＝302）

变量	题项	CITC	删除该题项后的 Cronbach's α 系数	变量的 Cronbach's α 系数
互动公平	互动公平 1	0.551	0.874	0.870
	互动公平 2	0.719	0.836	
	互动公平 3	0.754	0.828	
	互动公平 4	0.719	0.837	
	互动公平 5	0.743	0.830	

接下来，对互动公平量表进行 KMO 和巴特利球形检验，结果如表 5-9 所示。一般而言，只有当 KMO 值超过 0.7 并且巴特利球形检验的显著性小于 0.05 时，量表的数据才适合进行因子分析。从表 5-9 可见，互动公平的 5 道测量题项的近似卡方为 798.540，自由度为 10，KMO 值为

0.857,高于标准 0.7,巴特利球形检验的显著水平(p<0.001),这说明了互动公平的样本数据适合做探索性因子分析。

表 5-9 互动公平量表的 KMO 和巴特利球形检验(N=302)

KMO 值	近似卡方	自由度	显著性检验
0.857	798.540	10	0.000

接着采用主成分分析法对互动公平进行探讨性因子分析,结果如表 5-10 所示。提取了 1 个特征值大于 1 的因子,且这个因子的总方差解释量为 65.96%,大于 50%,可接受。

表 5-10 互动公平因子分析的解释总方差(N=302)

成份	初始特征值			提取平方和载入		
	合计	方差的%	累积%	合计	方差的%	累积%
互动公平 1	3.298	65.960	65.960	3.298	65.960	65.960
互动公平 2	0.633	12.652	78.612			
互动公平 3	0.436	8.719	87.332			
互动公平 4	0.344	6.874	94.206			
互动公平 5	0.290	5.794	100.000			

(3)员工创新行为的信度与效度分析

首先,对员工创新行为进行可信度检验,结果如表 5-11 所示。可见,每个题项的纠正条款总相关系数(CITC)均大于 0.3,各个显变量的条款删除之后的 Cronbach's α 系数均大于 0.5,以及整个量表的 Cronbach's α 系数也都大于 0.6,这表明了员工创新行为的量表具有较好的信度。

表 5-11 员工创新行为的信度检验(N=302)

变量	题项	CITC	删除该题项后的 Cronbach's α 系数	变量的 Cronbach's α 系数
创新行为	创新行为 1	0.655	0.835	0.856
	创新行为 2	0.703	0.816	
	创新行为 3	0.729	0.804	
	创新行为 4	0.714	0.811	

接下来，对员工创造力量表进行 KMO 和巴特利球形检验，结果如表 5-12 所示。一般而言，只有当 KMO 值超过 0.7，并且巴特利球形检验的显著性小于 0.05 时，量表的数据才适合进行因子分析。从 5-12 可见，员工创造力的 4 道测量题项的近似卡方为 602.086，自由度为 6，KMO 值为 0.792，高于标准 0.7，巴特利球形检验的显著水平（p<0.001），这说明了员工创造力的样本数据适合做探索性因子分析。

表 5-12 员工创造力量表的 KMO 和巴特利球形检验（N＝302）

KMO 值	近似卡方	自由度	显著性检验
0.792	602.086	6	0.000

接着采用主成分分析法对员工创新行为进行探讨性因子分析，结果如表 5-13 所示。提取了 1 个特征值大于 1 的因子，且这个因子的总方差解释量为 69.914%，大于 50%，可接受。

表 5-13 员工创新行为因子分析的解释总方差（N＝302）

成份	初始特征值			提取平方和载入		
	合计	方差的%	累积%	合计	方差的%	累积%
创新行为 1	2.797	69.914	69.914	2.797	69.914	69.914
创新行为 2	0.541	13.529	83.442			
创新行为 3	0.369	9.218	92.660			
创新行为 4	0.294	7.340	100.000			

第四节　研究结果

一、共同方法偏差检验

首先，采用 Harman 单因素检验方法对四变量进行验证，如表 5-14 所示，结果表明没有单一因子被析出；然后对数据做因素分析，探索性因子分析结果表明三变量的题项分别分布在各自维度，三因素累积方差解释量 52.27%；最后，分别构建三个结构方程模型进行比较，单因素模型

的 $\chi 2/df$ 为 5.220,二因素模型的 $\chi 2/df$ 为 4.165,三因素模型的 $\chi 2/df$ 为 1.610。结果表明三因素模型($\chi 2=239.895$;$\chi 2/df=1.610$;RMSEA $=0.045$;GFI$=0.933$;IFI$=0.971$;TLI$=0.965$;CFI$=0.971$)优于其他模型的拟合效果,见表 5-14。综合上述结果表明:虽然本研究不能排除共同方法偏差的影响,但是共同方法偏差并不显著。

表 5-14 研究变量区分效度的证性因素分析结果

模型	χ^2	χ^2/df	RMSEA	GFI	IFI	TLI	CFI
单因素模型	793.401	5.220	0.113	0.787	0.812	0.784	0.811
二因素模型	628.875	4.165	0.097	0.811	0.860	0.841	0.859
三因素模型	239.895	1.610	0.045	0.933	0.971	0.965	0.971

注:单因素(伦理型领导+互动公平+员工创新行为);二因素(伦理型领导+互动公平;员工创新行为);三因素(伦理型领导、互动公平、员工创新行为)。

二、描述性统计分析

如表 5-15 所示呈现了本研究对各变量(性别、年龄、教育程度、收入水平、工龄、伦理型领导、互动公平、员工创新行为)的均值、标准差及变量间的相关系数矩阵。数据为我们提出的假设提供了初步的支持。

表 5-15 描述性统计结果(N=302)

变量	M	SD	1	2	3	4	5	6	7
1 性别	1.529	0.499							
2 年龄	3.375	1.057	-0.027						
3 教育程度	2.991	0.954	0.016	-0.189^{***}					
4 工龄	2.497	1.409	-0.01	0.659^{***}	-0.059				
5 收入水平	2.488	1.176	-0.106	0.133^*	0.429^{***}	0.253^{***}			
6 伦理型领导	3.436	0.597	-0.085	0.125^*	-0.092	0.108^*	0.118^*		
7 互动公平	3.449	0.661	-0.087	0.085	0.075	0.108^*	0.247^{***}	0.688^{***}	
8 创新行为	3.277	0.643	-0.15^{**}	0.132^*	0.034	0.122^*	0.059	0.231^{***}	0.266^{***}

根据表 5—15 可以发现教育程度与年龄($r=-0.189$,$p<0.001$)显著负相关,即教育程度越高,年龄越小;工龄与年龄($r=0.659$,$p<0.001$)

显著正相关，即年龄越大，工龄越长；收入水平与年龄（r＝0.133,p＜0.05）显著正相关，即年龄越大收入越高；伦理型领导与年龄（r＝0.125,p＜0.05）显著正相关，即年龄越大，伦理型领导越强；员工创新行为与年龄（r＝0.132,p＜0.05）显著正相关，年龄越大员工创新行为越多；收入水平与教育程度（r＝0.429,p＜0.001）显著正相关，教育程度越高收入越高；收入水平与工龄（r＝0.253,p＜0.001）显著正相关，即工龄越大收入水平越高；伦理型领导与工龄（r＝0.108,p＜0.05）显著正相关，即工龄越大伦理型领导越强；互动公平与工龄（r＝0.108,p＜0.05）显著正相关，即工龄越大互动公平越强；员工创新行为与工龄（r＝0.122,p＜0.05）显著正相关，即工龄越大员工创新行为越多；伦理型领导与收入水平（r＝0.118,p＜0.05）显著正相关，即伦理型领导越强，收入水平就越高；互动公平与收入水平（r＝0.247,p＜0.001）显著正相关，即收入水平越高互动公平越强；伦理型领导与互动公平（r＝0.688,p＜0.001）显著正相关，即伦理型领导越强，就越有利于创造互动公平的氛围，提高员工的互动公平感知，初步验证了假设1；伦理型领导与员工创新行为（r＝0.231,p＜0.001）显著正相关，即伦理型领导越强，员工的创新行为的发生机率就越大，该结论初步验证了假设2；互动公平和员工的创新行为（r＝0.226,p＜0.001）显著正相关，即下属感知到的互动公平越强，其创新行为的发生机率就越大，该结论初步验证了假设3。

由此可见，分析结果与研究假设基本一致。

三、假设检验

本研究运用逐步回归分析法检验本文涉及的四个变量间的回归关系，进一步验证前文提出的假设。如表5-16所示：

表 5-16　回归分析统计表（N＝302）

解释变量	互动公平		员工创新行为		
	M_{11}	M_{12}	M_{21}	M_{22}	M_{23}
控制变量					
性别	−0.060	−0.017	−0.149*	−0.135*	−0.132*
年龄	0.032	−0.011	0.102	0.088	0.090

续　表

解释变量	互动公平		员工创新行为		
	M_{11}	M_{12}	M_{21}	M_{22}	M_{23}
教育程度	−0.018	0.082	0.066	0.098	0.082
工龄	0.025	0.014	0.061	0.057	0.055
收入水平	0.238	0.679	−0.014	−0.049	−0.074
自变量					
伦理型领导		0.679 ***		0.217 ***	0.085
中介变量					
互动公平					0.195 *
R 方	0.068	0.507	0.045	0.090	0.108
R 方更改	0.068 ***	0.438 ***	0.045 *	0.045 ***	0.019 *
F	4.822 ***	56.297 ***	3.084 *	5.402 ***	5.697 ***

注:N=302。M 为平均数,SD 为标准差。性别:1=男,2=女。年龄:1=(年龄<20 岁),2=(20 岁≤年龄<25 岁),3=(25 岁≤年龄<30),4=(30 岁≤年龄<35 岁),5=(35 岁≤年龄<40 岁),6=(40 岁≤年龄<45 岁),7=(年龄≥45 岁)。教育程度:1=初中及以下,2=高中,3=大专,4=本科,5=研究生及以上。工龄:1=3 年及以下,2=3—6 年,3=6—9 年,4=9—12 年,5=12—15 年,6=15 年以上。收入水平:1=2000 元及以下,2=2000—3000 元,3=3000—4000 元,4=4000—5000 元,5=5000 元以上。 * $p<0.05$; ** $p<0.01$; *** $p<0.001$。

　　根据 Baron, Kenny(1986)的中介效应检验程序,采用层级回归对互动公平的中介效应(H_4)进行检验,结果如表 5-16。首先,伦理型领导对员工创新行为的回归系数显著($\beta=0.217, p<0.001, M_{22}$)。其次,伦理型领导对互动公平的回归系数显著($\beta=0.679, p<0.001, M_{12}$)。再次,互动公平对员工创新行为的回归系数显著($\beta=0.195, p<0.05, M_{23}$)。最后,把伦理型领导和互动公平感同时加入员工创新行为的回归方程时,互动公平感的系数显著($\beta=−0.195, p<0.05, M_{23}$),伦理型领导的系数降低并且不再显著($\beta=−0.085, ns, M_{23}$),表明互动公平感完全中介了伦理型领导对员工创新行为的作用,假设 4 即互动公平中介了伦理型领导与员工创新行为的关系被验证。

第五节　研究意义与展望

本文通过对员工创新行为的相关研究进行回顾，指出了时代对企业创新的召唤，学术界在研究员工创新行为的过程中遇到的问题与不足。同时能更好地推动员工创新行为的实证研究，为后续的实证研究提供研究依据。此外，本文以伦理型领导为自变量，创新行为为因变量，互动公平为中介变量，基于社会交换理论，研究了伦理型领导对员工创新行为的影响机制。本研究不仅在理论上为后续研究更加深入把握伦理型领导对影响员工心理和行为的影响机制奠定了基础，而且实践中又为组织发展在中国情境下的员工创新行为方面提供了理论指导。

首先，本研究证实伦理型领导对员工创新行为具有积极影响，此结果与 Tu，Lu(2013)的研究结果一致。这可能是因为伦理型领导注重公平公正以身作则且在日常的工作中会激励员工，员工在与领导的双向沟通中获得了较高的个人存在感，这使得员工与组织建立起一种信任、认同及共享的关系，为了回报组织使其更好地发展，员工会展现出更多的创新行为(张鹏程，刘文兴，廖建桥，2011)。另外员工的创新行为是一种风险性活动，伦理型领导正直包容的特点会减少员工对创新失败的担心，从而促进员工的创新行为。

其次，伦理型领导与互动公平正相关，这可能是因为伦理型领导值得信任，为人处世方面没有偏见，同时强调双向沟通并且通过公开交流大家的意见，尊重他人并积极构建公平的氛围，提高了员工积极交换意见的意愿，并且创造了坦率的互动氛围，继而提高了员工的互动公平感知。

再次，互动公平和员工的创新行为正相关。这是因为创新需要突破已有的框架、规章，同时需要承担相应的风险，因此在开展创新行为的时候个体常常需要付出更多以及持久的努力和精力，而这需要有较强的内部动机来予以推动。当感到受到公正对待时，员工就会在工作中通过投入更多的时间和努力来回报组织，从而进行更多的创新行为。

最后，互动公平在伦理型领导与员工创新行为的关系中起完全中介作用说明，薪酬公正是通过互动公平对创新行为产生影响的，即互动公平是伦理型领导发挥作用的一个"阀门",它开启的大小制约了伦理型领导通过这条"阀门"影响员工创新行为的强弱。本文运用社会交换理论作为理论基础以以下三条途径解释这一路径:一是伦理型领导通过以身作则,其自身兼具正直公平并且信任员工的特性,通过双向沟通从而营造一个公平公正的互动氛围(Ng,Feldman,2015)。而员工的互动公平感知又是创新活动得以顺利开展的一个必要条件(何小艳,2015),互动公平感知高的个体有更多的机会去接触不同的双向沟通,进而带来更多的直接或者间接的创新经验,从而更有能力和意愿进行更多的创新活动。二是根据社会交换理论,伦理型领导在日常工作与沟通中,秉承着对待所有员工一视同仁的态度,在组织获得既定利益后仍坚持完善个人利益,设法平衡组织利益与员工个人利益,最大限度地满足员工的个人需求与组织需要(Piccolo,Greenbaum,Hartog,2010),不断地提高员工的互动公平感知。而一旦员工的互动公平感较高时,会对领导产生较高的信任感,并学习模仿伦理型领导的价值观和态度行为(Brown,Treviño,Harrison,2005),从而乐于接受挑战,另辟蹊径,运用想象力提出更多的解决措施。三是伦理型领导会影响某种个人心理感受,而这种感知会作用于员工的互动公平,使员工在日常工作中察觉出一些影响工作绩效的失误,于是产生改进的想法,并根据是否产生互动公平感知来决定员工的创新行为。

一、研究理论意义

首先,本文突破以往关于伦理型领导与员工工作结果主要基于社会交换理论的现状,建立一个以员工心理感知为核心的互动公平与员工创新行为的模型。该模型从心理活动视角解释了伦理型领导对员工创新行为的作用机制,拓展了该领域的研究视野,并为后续研究提供了新的理论支持。

其次,本研究探讨了伦理型领导对员工创新行为的作用机制。从纵向链条(中介作用)的角度对组织中伦理型领导对员工创新行为影响进行了深入研究,进一步丰富和拓展了伦理型领导及员工创新行为领域的理论研究。

最后,本研究基于社会交换理论,发现伦理型领导通过使下属感受到更多的尊重与双向沟通,激发下属更多愉快积极的情绪状态,提高员工的互动公平水平,员工则会有能力和意愿去从事更多的创新行为,以积极的态度与行为回报组织与领导。同时该结果进一步验证了社会交换理论。

二、管理启示

首先，组织中的领导可采取适当的行动，如给予下属更多的工作自主权、与其分享关键信息、鼓励他们参与组织决策等，或者以身作则、为人坦率，公平公正地对待下属，关心下属，为下属的工作提供相应支持，以提高其个人进行创新的意愿，从而提高其创新行为的可能性。

其次，组织可以通过选拔和培训管理人员的伦理型领导风格来创造更多的互动公平氛围，进而使企业产生更多的创新行为的实施，而作为组织领导或管理者，应该努力践行伦理型领导的行为，通过伦理型领导行为的实施，有效增强员工的互动公平感知，增强员工的创新意识，以确保组织能够可持续长久发展。

最后，组织要注意培养员工的互动公平感知，对于低互动公平感知的个体，可以对其进行技能培训以及通过与其进行双向沟通解决创新过程中的"疑难杂症"，来提高他们的互动公平感知，从而使其有能力和意愿进行创新行为的实施。

三、研究不足与展望

首先，在研究方法方面，本研究虽然采用了员工和领导配对的问卷设计，但是由于时间、精力和条件的限制，本研究的样本主要来自河北省和浙江省的公司，本研究并未过多考虑两地域的文化差异，这就局限了本研究的适用性和推广性，未来研究可以扩大样本的取样范围，增加样本量，更全面深入地推广研究的适用性。此外，本研究采取了一定措施来降低共同方法偏差，而且通过容忍度和VIF值表明变量间不存在显著的多重共线性问题，但是明显还不够，由于社会称许性等的存在，研究中的共同方法偏差确实是客观存在的。在未来的研究中，可以采用更多的方法来避免共同方法偏差，比如说保证测量样本的空间和时间距离。

其次，本研究采用横向研究法，也就是说，只进行一次数据收集，数据的收集只在一个时间点上，结果具有一定的解释意义，但对员工创新行为的动态性关注不够。因为有的员工创新行为通常较隐蔽、持续时间较长，而横向的调查无法很好地反映这一点。所以，在今后进行员工创新行为的研究时,在条件可行的前提下,应多开展纵向的追踪研究,以便更好地揭示员工创新行为各方面的特性。开展互动公平纵向研究在实践上、方法上以及概念上均具有重要意义:首先,在实践上,通过纵向研究我们可以知道公平是否有长期的效果——公平是持续影响态度和行为,还是转瞬即逝?其次,在方法上,纵向研究让研究者能够得到更强的因果结论。最后,在概念上,我们可以通过考察公平判断随着时间的影响而产生的变化,加深对组织公平的了解。

最后,本研究发现互动公平在伦理型领导与员工创新行为之间起完全中介作用,未来的研究应探讨更多变量,以便更加全面地揭示伦理型领导与员工创新行为之间复杂的中介机制。本研究使用了国际上具有权威影响的伦理型领导量表和互动公平的量表来研究伦理型领导,统计分析表明其具有较高的信效度,研究结果也得到了证实。但是中国背景下伦理型领导和互动公平可能与西方文化背景下的伦理型领导和互动公平有不同的结构和特征。因此,为了进一步拓展中国文化背景组织中伦理型领导和互动公平理论及其效用机制的研究,伦理型领导测量量表和互动公平量表的本土化是未来研究者需要关注的一个方向。

第六节　研究结论

本研究结果表明伦理型领导与员工创新行为之间有呈著的正相关,即伦理型领导的水平越高员工创新行为越多;伦理型领导和互动公平也具有显著的正相关关系,即伦理型领导的水平越高互动公平的水平也越高;互动公平和员工创新行为也具有显著的正相关关系,即互动公平水平越高员工创新行为也就越多;互动公平在伦理型领导与员工创新行为之间具有部分中介作用,即伦理型领导通过互动公平来影响员工创新行为。

第六章 伦理型领导对员工创新影响的研究结论及讨论

[本章导读]

本章主要围绕第三、四及五章的实证研究,运用社会认知评价理论、资源保存理论及社会学习理论等,对实证研究的结果进行深入的讨论,以期望得出一般性的领导道德特质对员工创造力、创新行为及创新绩效的影响。研究认为,领导者通过道德的人及道德的管理者的榜样示范作用,使员工的心理安全感得到有效提升,当面对复杂多变的创新情境时,员工敢于创新;同时,领导者的高尚的道德品质能给员工提供提高创新自我效能感的启迪,使员工在面临创新情境时,员工愿意进行创新。

第一节 研究结论

近年来,西方国家在商业领域不断出现丑闻,人们越来越关注领导者的品德问题,开始重视领导者对各个利益相关者所应承担的伦理责任。一些伦理学和领导学研究者开展了伦理型领导研究。与传统的领导研究不同,伦理型领导研究着重强调领导者基于合乎伦理的榜样行为促成其与追随者间的双向沟通的实践意义,特别是在近期的研究当中,越来越多的学者在探讨伦理型领导有效性的同时,开始关注伦理型领导是如何形成的这一前因问题。有研究者对不同行业的中层经理人员进行访谈,让他们回答他们所认为的伦理型领导者的动机、特征和行为。结果发现,伦理型领导体现在两个方面上,一方面是伦理的个人,另一方面是伦理的管理者。所谓伦理的个人是指,伦理型领导应该是正直、公平、值得信赖和有原则的个体,能够在个人生活和职业活动中表现出伦理行为,但他们并不一定是合格的伦理型领导者。而伦理型管理者则超越了伦理个人，他们能够定期与下属进行沟通来传达组织的价值观并听取员工意见，在伦理行为方面对员工起到角色榜样作用，并能够运用奖惩制度引导下属做出伦理反应（Treviño，Hartman，Brown，2005）。Meda（2005）发现伦理型领导是领导者和员工之间持续的对话过程，其目标是构建一种鼓舞和引导员工在德行、绩效和关系上达到最高水平的组织文化。

在现代社会当中，唯一不变的就是变化。科学技术的飞速发展与市场需求的瞬息万变，给企业运作带来了机遇，同样也带来了巨大的威胁与挑战，使得企业所面临的外部环境更为复杂、多变。在这一风云变幻、竞争日趋激烈的的外部环境当中，企业要想增强自身竞争能力、获得竞争优势，就必须要做到"人无我有，人有我优"，通过持续的创新实现组织长久的生存与发展。企业只有不断迈着创新的步子才能时刻在竞争中保持优势，才能战胜对手、超越自己。组织的发展离不开创新，而组织的创新离不开创新观点的产生者和实施者——员工。员工是组织创新过程中最重要的要素，员工的创新是组织创新的基石。然而，中国正处于经济转型阶段，组织内的员工可能会随时遭遇分流、裁员、解聘和重签劳动合同等问题，这无形中增加了员工的工作压力，不利于激发员工创新性开展工作。因而如何有效激励员工不断地创新，为组织带来持续的竞争力，成为了摆在各级组织管理者面前的难题。

基于上述现实的背景，本书在已有的相关理论分析的基础上，采用问卷调查形式收集数据，通过实证研究的方法，并结合已有的相关研究成果和当前中国企业创新的发展现状，就员工创新的重要性以及如何促进员工创新及提高员工的创新绩效为研究重点，开展了三项实证研究。

首先，实证研究通过有中介的调节研究设计，系统地探讨了伦理型领导对员工创造力的影响机制。本研究对伦理型领导如何影响员工创造力的效用机制做出了贡献，不仅更全面掌握了伦理型领导如何影响员工创造力的效用机制尤其是伦理型领导对员工的心理机制的影响，而且又进一步扩充和丰富了中国背景下伦理型领导的内涵。基于社会信息加工理论，研究与发现，中国文化背景下组织中的伦理型领导与员工创造力之间呈显著正相关关系。组织中领导的伦理水平越高，越容易激发员工的创造力；其次，作为员工进行创造性活动重要的情景变量，伦理型领导为员工的创造性活动提供了重要的参考信息,具体表现为员工的心理安全感中介了伦理型领导对员工创造力的影响。也即员工创造力的生发,在很大程度上取决于伦理型领导给员工心理安全感的提升带来多大保障。最后,组织中员工的上下级关系水平显著调节了伦理型领导与员工心理安全感的关系。具体表现为,当组织中员工与其上级关系水平高时,伦理型领导对员工心理安全感水平的提升更为有效,而当其与上下级关系水平低时,伦理型领导对员工心理安全感的提升作用并不明显。进一步的研究结果显示,当上下级关系水平高时,心理安全感在伦理型领导与员工创造力水平关系中的中介作用更强,即当上下级关系水平高时,伦理型领导对员工创造力的影响更多通过心理安全感来传导。

其次,基于社会认知理论,实证研究二以上下级配对的 308 组被试为样本,探讨了伦理型领导与员工创造力之间的关系,并探讨了创造力自我效能感的中介机制与员工工作绩效水平的调节机制。本研究的结果表明:伦理型领导与员工创造力自我效能感正相关,即伦理型领导的水平越高,员工的创造力自我效能感越强。作为自我效能感在创造力领域的具体化与情境化,员工的创造力自我效能感最为重要的一个来源就是组织中领导者对创造力的榜样作用和行为指引,创造力自我效能感水平的提升为员工创造力的发生提供了重要的内在动力。第二个研究结果发现,员工工作绩效水平与伦理型领导的交互作用,强化了创造力自我效能感。工作绩效是员工过去行为的结果,也是员工自我效能感的重要来源之一,当员工工作绩效水平高时,伦理型领导与员工创造力自我效能感之间关系就越强;在伦理型领导影响员工创造力的机制方面,实证研究二发现,创造力自我效能感中介了伦理型领导与员工的工作绩效的交互作用对员工创造力的影响。也就是说,伦理型领导对员工创造力的影响是以员工的创造力自我效能感为媒介的,伦理型领导需要在组织中激发员工的创造力时,采用多种方法以提高员工的创造力自我效能感是一条必经之路;最后,研究发现员工的工作绩效水平调节了创造力自我效能感对伦理型领导与创造力的中介作用,即员工的工作绩效水平越高,创造力自我效能感在伦理型领导与员工创造力之间关系的中介作用越强。

最后,实证研究三的结果表明:伦理型领导与员工创新行为之间有显著的正相关,即伦理型领导的水平越高,员工创新行为越多;伦理型领导和互动公平也具有显著的正相关关系,即伦理型领导的水平越高,互动公平的水平也越高;互动公平和员工创新行为也具有显著的正相关关系,即互动公平水平越高,员工创新行为也就越多;互动公平在伦理型领导与员工创新行为之间具有部分中介作用,即伦理型领导通过互动公平来影响员工创新行为。

从上述三个实证研究结论中我们可以发现,在组织的日常管理实践中,不仅是领导者的伦理特质会对员工创造力或员工创新行为产生影响,同时员工个体的对于安全、公平、个人能力等的心理感知同样对其创造力起着至关重要的作用。因此,为有效激励组织员工的创新,本章节将结合这上述三个研究的研究成果,对研究结论进行深入分析,以期对组织的管理实践提出相应的管理建议及提出研究局限和未来研究的方向与展望。

第二节　伦理型领导对员工创新的作用机制讨论

一、伦理型领导与创新关系间的中介作用

（1）心理安全感的中介作用

在本书研究中可以看出,假设 3a 的结果最终表明伦理型领导通过增强员工的心理安全感而提高其创造力。根据认知评价理论,外界因素并不是简单的"刺激——反应"范式,而要经过个体认知评价这一加工过程,进而才会产生相应的行为(Deci,Ryan,1975)。该理论完美地解释了心理安全感在伦理型领导在员工创造力关系间的中介机制:作为重要的组织情景因素——伦理型领导,其在对员工创造力发挥作用时,并不是直接影响员工的行为,而是通过心理安全感这一心理机制来间接地影响员工创造力。换言之,员工的心理安全感是其直接主管伦理型领导行为发挥效用的一个"阀门",在这条路径中,伦理型领导行为影响员工创造力作用大小取决于这一阀门开启的程度大小。也就是说,伦理型领导能否有效地提高员工创造力水平,在很大程度上取决于伦理型领导行为能不能强有力地提高员工的心理安全感。所以心理安全感在伦理型领导与员工创造力关系中有中介作用印证了前人的研究结果(张鹏程,刘文兴,廖建桥,2011),支持了认知

评价理论,在管理实践中也是可行的。

(2)创造力自我效能感的中介作用

研究二中的假设1与假设3a的检验结果证明了伦理型领导能通过员工创造力自我效能感来激发员工的创新行为。在引入员工创造力自我效能感这一变量以后,本文的路径分析清晰地显示了领导风格对创新绩效影响力的轨迹。企业创新需要全员自上而下的努力,不同的领导风格会对员工产生不同的影响,员工也会将对领导行为的不同感受吸收转化到自身的工作中去。一方面,伦理型领导具有关心体谅员工、诚实正直及为员工树立榜样的特征,为员工起着榜样作用,员工一旦接受领导这一榜样后,会对自己工作的内容和意义更有信心,即提升自己的创造力自我效能感。伦理型领导所具备的利他特性在员工创造力自我效能感的形成过程中,为员工创新失败提供必要的物质与精神支持,使员工能大胆创新而无后顾之忧,从而提升了员工创造性解决问题的信心。创造力自我效能感高的员工对自己的工作能力具有较高的肯定,在工作中面对困难时更能保持积极的态度,从而提升自身创新行为。这一结果也验证了前人关于创造力自我效能感的研究(孟慧,宋继文,孙志强,王崴,2011)。

(3)互动公平的中介作用

在第五章伦理型领导与创新行为关系研究中,我们通过假设2、3、4验证了伦理型领导能通过员工互动公平感知来促进员工创新行为。首先,假设2证明了伦理型领导对互动公平有显著的正向影响,说明伦理型领导可以提高员工的互动公平感知,增强员工对组织和领导的信任。互动公平作为组织公平的一个维度,比其他形式的组织公平更能体现员工对领导者的道德公平感知,受领导行为的直接影响(Greenberg,2011)。在管理实践中,管理者可通过伦理型领导行为增强员工的互动公平感。其次,对于创造性活动而言,让员工感知到被组织公平地对待是非常重要的一个因素。因此当员工感知被公正对待时,就会对工作任务产生更多的兴趣以及更高的内部动机,从而有可能通过表现出更多的创新行为作为有价值的社会交换来回报组织。

二、伦理型领导与员工创新关系中的调节机制

(1)上下级关系的调节作用

　　在本书第三章中,我们不仅研究了伦理型领导与员工创造力间的作用机制,还对这两者间的边界作用进行探讨。假设2的结果表明,上下级关系不单在伦理型领导与心理安全感的关系中起调节作用,同时对心理安全感的中介效应也存在调节作用。在中国传统文化中,上下级关系在组织中发挥着不容忽视的作用。不同的上下级关系水平,对心理安全感中介效应程度也有着不同的影响,即上下级关系水平可以决定伦理型领导能在多大程度上通过心理安全感对员工创造力产生影响。这一实证研究结果,既是"情理之中"又是"意料之外"。所谓的情理之中,是指高水平的伦理型领导自身便有助于提升员工心理安全感水平,同时伦理型领导与上下级关系这两者的交互效应也强化了心理安全感的中介效应。进一步指出的是,在高上下级关系水平的情景中,伦理型领导与心理安全感的关系更为紧密,且通过心理安全感对员工创造力产生的间接效应也更强,这一研究结果也体现了上下级关系这一具有中国特色的概念存在相当的普适性。而意料之外则指的是,在以往的研究中我们都认为伦理型领导能够公平地对待下属,不因私人关系而区分"圈内人"与"圈外人"。但从本研究结果中,我们可以看出在不同的上下级关系水平中,伦理型领导会对员工创造力产生不同的影响。我们可以认为产生于西方文化背景下关于伦理型领导的这一研究结果,在中国情境下可能并不适用。与西方文化背景下的研究结果相悖的是,在中国传统文化背景下,领导与下属基于私人感情形成的关系仍然发挥着强大的作用。这可能就意味着,在中国文化背景组织中,即使是伦理型领导,仍然会因为价值观、年龄、兴趣爱好或其他方面的相似性而在工作之外与他人产生私人接触,建立非正式的亲近关系,从而对员工的心理和行为产生更为深刻的影响。

　　(2)员工工作绩效水平的调节作用

　　在本书第四章中,我们不仅验证了创造力自我效能感的中介作用,还探讨了绩效水平在伦理型领导与员工创造力关系中的边界作用。员工过去的绩效信息是其将来行为的重要线索,会影响个体在未来的判断与行为。假设2验证了下属员工的绩效水平对伦理型领导与员工创造力自我效能感有显著的调节作用,同时,员工个体的绩效水平与伦理型领导的交互作用强化了员工创造力自我效能感的中介作用,尤其是在高绩效水平情景下,这一组关系更加紧密。该结果再一次验证了社会认知理论中关于以前绩效是重要的个体自我效能感树立的影响变量。伦理型领导可以通过自身的榜样作用、正确的言语说服等手段对员工创造力自我效能感的树立产生积极影响，这种影响在员工具有较高工作绩效时更加强烈，这可能是因为员工的绩效是过去工作行为的结果，绩效水平高表明其工作能力、方法都具有较高的水准，从而表现出较高的工作控制感。绩优的员工，他们对自身的能力与工作的匹配有较高的信心，认为自己有能力达到工作的要求。而绩劣的员工面对工作要求时，则认为其自身的能力与知识不能匹配工作的要求，从而影响了其行为的选择与方向（DeRue，Morgeson，2007）。因此当其面对创造性的工作时，员工对该工作更具信心，因此强化了伦理型领导对创造力自我效能感的正向影响，进而有力地促进了员工创造力水平的提升。调节效应的分析结果也说明管理者需要更加重视那些工作能力强、绩效结果佳的员工在组织中的状况。

第七章 伦理型领导与员工创新关系管理建议及研究展望

[本章导读]

本章是管理建议与研究展望部分。通过全书的研究,从企业、领导者及员工各个层次,从外在环境及内在心理过程不同的角度,以针对性和实用性为基本准则,提出中国的企业中领导的道德特质如何提升员工的创新水平的具体建议和意见。另外,在这一章最后,我们对本书的实证研究部分的不足进行了讨论,并根据我们的研究,提出了未来研究的一些展望,供后续的研究者参考。

第一节 伦理型领导与员工创新关系管理建议

本书的研究结论对中国企业提高员工创新行为的管理实践具有一定的启示意义,本章节具体从如下两个方面对其进行阐述:首先,从管理者角度而言,组织需有效提高领导的伦理特质来激发员工创新行为水平;其次,从员工心理角度而言,提高员工对与心理安全、创造力自我效能、互动公平以及良好上下级关系等方面的感知也能促进员工从事创新行为。

一、管理者角度

在市场需求瞬息万变,竞争日趋激烈的外部环境中,怎样才能激发出员工更高程度的创新行为? 有什么特别的方法可以让领导来点燃一场热烈的、具有建设性质的企业创新? 以往研究指出,领导作为一定条件下为实现组织目标而对组织内群体或个体实施影响的个体,对于企业的前途和命运起着至关重要的作用。在时代发展和管理实践的影响下,领导过程中的道德因素受到国内外学者和管理界的日益重视，领导者的道德品质，在很大程度上决定着企业的道德资本；领导者的品质好坏，也攸关组织的兴亡。如果组织的领导者是缺乏道德的，容易对员工和组织造成严重的损害，如一些曾经知名的企业如安然（安然破产事件）、三鹿（毒奶粉事件）、以及世通（财务丑闻事件）等公司因领导者的道德问题而倒闭或严重衰落。从现有的一些实证研究中，我们可以发现领导的道德特质对员工的态度及行为具有积极的影响。可见，提高组织领导者的道德特质对组织能否健康发展是至关重要的。因此，本书结合了以往的一些研究成果，认为组织可从以下的几点着手来提高其领导者的道德特质，从而进一步促使员工发挥出更高的创新的潜能，最终能够提高组织的绩效，从而使得组织能够持续健康的发展。

（1）选任具备道德特质的管理者

根据 Brown 等人（2005）关于伦理型领导的定义指出，伦理型领导是指在个人行为和人际关系中树立适当的行为典范，并通过双向交流、强化和决策来向追随者推行这种规范。基于此，伦理型领导包含着两种角色：一是在个体层次上的道德人，即当角色定位到人的时候，伦理型领导应具有正直、诚信、公正、值得信赖和关怀他人等优秀品质；二是在组织层次上道德的管理者，即当角色定位为领导时，伦理型领导应能够在日常管理中遵循伦理道德规范，使自己成为下属员工的道德榜样，并合理的规范奖惩体系引导员并巩固员工的伦理行为。

一位有道德的领导者首先得是一位有伦理道德素养的人。管理者的伦理道德素养会直接影响到员工的情感承诺、工作绩效、离职倾向等。因而，在管理实践中，在企业管理者选拔时，需要将应聘者的伦理水平、道德特质等纳入到管理者选拔的考察范围中。在招聘中，组织可以采用人才测评、人格测试、半结构化访谈以及伦理两难困境的情景设计等方法来考察候选人的伦理道德特质，排除缺乏诚信、责任心的个体，以正确为企业选聘具有伦理特质的管理者。从而将具有道德特质的管理者安排在合适的岗位上，为团队的高效运转提供基础。

（2）培养管理者的道德修养水平

现代领导特质理论指出领导者的特性不是天生的，而是在实践中形成的，可以通过训练和培养加以造就。这一理论否认了领导者是天生的，认为成功的领导者可以通过后天塑造。因此,对于现有的领导者和管理者,组织还应该重视开发相应的内部培训,引导管理层和储备干部的道德品质塑造。组织可以通过培训需求分析,确定需要加强具有道德行为的领导者。然而,从现有的一些情况来看,以往组织所开展的针对提高领导力的培训大多集中于提高领导者的工作技巧上,较少有专门对领导者进行伦理道德内容的培训。而当前的组织环境对领导者的道德素养提出了更高的要求,管理者的领导行为更易于受到来自组织内部以及外部的关注,非道德的领导行为所带来的影响会被放大,从而对员工以及组织的信誉、绩效等造成重大的负面影响。因此,在很大程度上,领导者的伦理道德比起管理技能更为重要。组织需要结合组织内部的现状以及当前社会大环境下所强调的重点的道德素养,有针对性地对组织管理者们开展一些教育培训课程,以提高他们的伦理道德价值观等,具体可通过案例培训法(如对伦理道德困境的判断、分析和处理等)、领导艺术自我提升法以及自我培训等,促进管理者在政策制定和实行上能够保证公平公正等。另外,由于具有道德特质的领导还指那些具有责任感,能够体谅和尊重他人,具有诚实,值得信任,正直等优良品性以及对异质观点能够持开放性态度,善于倾听和沟通等的人,因而,组织也可开展专题性培训来提升这些应具备的特征,从而来塑造领导者的一些道德行为倾向。这些不仅能够提高领导者的道德水平,还能使员工受到潜移默化的影响,有助于让员工从意识到行为上重视起道德的重要性,使得员工能够心甘情愿的为组织付出,增强员工的个人敬业精神以及组织认同感等。在培训结束后,相应的人员需要对领导者进行相应的指导和行为纠正,创造有利于其表现领导伦理道德行为的情景,对领导的伦理道德行为进行奖励,从而增加培训结果的转移。

(3)建立系统的管理者道德行为评价体系

中国改革开放之初,员工对企业高层领导的考核要求往往局限于任务的完成,人际的和谐与资源分配的公正等方面。然而现在企业的高管团队不仅需要为企业制定战略规划和战略决策,还需要通过自身的道德观念和行为影响员工的思想道德观念与价值取向。在管理实践中,以往对管理者领导力的评价指标忽略了对领导者的道德水平的考量。因此,在以后的评价体系中可增加对领导者的道德行为的评估,这可通过360度领导力测评、工作风格测试等测量工具来实现或根据组织及环境的要求来自行开发相应的评估工具。同理，在考虑管理者的升迁调任时，领导者的道德价值观也应纳入考虑因素。此外，在未来的领导方向上，应提升组织管理阶层的道德特质，除了管理者自身的修养外，企业可将领导者的道德行为作为组织绩效考核的一项标准，在衡量绩效时也应加入对领导者的道德要求，使得组织和管理者在道德要求水平上达到共识，为员工建立良好的模范，同时改善员工的工作态度，使组织的绩效管理与道德要求实现完美的内在契合，从而达到强调组织道德管理的目标。这在一定程度上可为组织营造良好的伦理道德的氛围，实现组织绩效，促进领导者与员工之间的有效沟通，形成良好的人际关系，提高员工在组织中的归属感和工作满意度，实现领导者的价值。

二、员工心理感知角度

（1）提高员工心理安全感，让创新少些后顾之忧

员工的创新尝试通常会涉及到对组织现状的"挑战"及"变革"，因而存在一定的风险性。首先，创新活动的结果具有不确定性，往往需要反复试验，考虑到组织资源的稀缺性，即便是新颖的想法也可能遭受冷漠忽视，个体难免会心理受挫。其次，创新的思想可能会挑战大多数人传统和习惯的看法，或威胁到现有利益，往往会遭到排斥和反弹。因而，员工在进行创新活动前，会对其进行权衡，即我的创新表现是否是安全的？只有当个体相信自己即使参与了有风险的行动也不会受到伤害，才能够提高员工的创造力或创新行为的意愿。因而，对于员工而言，能否具有高心理安全感是员工创新的必要条件。在本研究的结果中，我们也可以发现，具有高心理安全感的员工，能够具有更多的创新表现。因而，为了提高员工的创新表现，组织需要采取相应的措施提高员工的心理安全感。对此，结合本书的研究结果及以往的相关研究结果，就如何提高员工的心理安全感，进而提高员工的创新表现提出以下几点建议。

在本书中，研究一的实证研究结果表明：伦理型领导对员工心理安全感具有显著的正向预测作用。从相关文献中得知伦理型领导具有责任感、体谅和尊重他人公平与非歧视对待、品性以及开放和灵活性等特征。因而，在实际管理工作中，管理者可以向伦理型领导方式靠拢，有导向的从上述六个方面来加强自身的修养，从而提高领导者自身伦理型领导技巧，将

自己的个人行为及在人际互动中表现出的规范性的和适当的行为通过双向沟通、强化等决策,促进员工也表现出这种行为。具体而言,在管理实践中,领导者首先要提高自己的责任意识,即对员工的管理需要遵循组织的规章制度以及职业准则而不是个人意志。在组织管理中,领导者能够自觉在组织中推行道德准则,使组织中的每一位员工都能预先了解组织的要求,并产生对组织的信赖,从而有效提高员工的稳定感与心理安全感。其次,在对待员工时,要注重以人本导向来指导自己的行为,能够体谅和尊重员工,理解员工的需求并给予充分的关注及积极的响应,从而有效提高员工心理安全感。再次,伦理型领导具有这样的特质,他们能够做到公平公正,不歧视下属,在与员工的关系上不区分"圈内人"与"圈外人",从而能够提高员工的心理安全感。Sverke,Hellgren,Näswall(2004)研究也指出组织内的公平是提高员工心理安全感的重要途径。最后,领导者还需善于倾听员工的意见,对员工不同的观点持开放性的态度,降低员工对风险的评估,从而使员工的心理安全感得以提升,激励员工积极地向上级提出自己的新颖想法等。

在管理实践中,当员工处在一个充满安全氛围的组织中,他们可以自由地提出自己的新颖想法,且更愿意将其付诸实践,不必担心由于自己创新行为的不恰当或失败而引发不利的后果。当处于这样一个相对安全且宽松的环境中时,成员无需掩饰个人的内在动机,自主决定是否进行创新。而在其处于安全氛围较低的组织中,员工会因创新本身所带有的挑战性及存在的潜在威胁等而对于其创新所带来的结果评估偏向于消极,更多地会认为自己是不安全的认知,因而可能会选择依照传统习惯来开展自己的工作,而不愿主动进行创新。因此,管理者需要为员工的营造一种安全、稳定氛围,创造员工创新的有利条件。为达到营造安全的组织氛围,我们可从组织的领导者、激励制度等方面入手。对于团队领导者而言,他们与员工之间的关系紧密,在一定程度上,他们是员工学习及模仿的榜样,对员工的心理及行为具有重要的影响,因而在组织安全氛围的营造中需要发挥更多的积极作用。具体而言,管理者要公平、公正地对待下属,不区分"圈内人"与"圈外人",并对不同的观点抱有开放性的态度,从而使得员工相信不论他们创新的结果如何,领导这也能公平对待他们,不会忽视或嘲笑自己,降低人际风险,从而增强员工的心理安全感。在管理实践中,能够经常与员工进行交流和沟通以促进双方之间的理解与支持,鼓励员工提出自己的新问题、新观点以及新方法等,且能够及时地对他们所提出的新观点和问题给出反馈,对认为可行的提议进行公开讨论,最终应用新技术、新方法解决问题。这可以降低员工对自己的创新得不到领导者的认可的风险感知,提高员工对组织安全氛围的感知,进一步提高他们的心理安全感,从而促使他们表现出更多的创新行为。在激励制度上,组织应制定明确的创新奖励制度,如对提出创新想法、创新想法被采纳的员工给予加薪或颁发荣誉证书等,这都会向员工传递一种信号,即组织是鼓励及认可员工创新的,有利于组织形成安全的工作氛围,从而降低他们对创新的风险感知,提高他们的心理安全感。

(2)增强创造力自我效能感,激发员工创新动力

本研究结果显示,创造力自我效能感对员工创新行为具有显著的影响作用,即创造力自我效能感越强,员工从事创新的频率就越高。因此,在实际的工作任务中,企业管理者应当注重员工创造力自我效能感的培养,提高员工创造力。对此,综合本书的研究结果及以往的相关研究,就如何提高员工创造力自我效能感,进而提高员工的创新表现提出如下建议。

首先,从员工自身角度考虑。员工个体应充分认识到自我效能感的重要性,提高自身的创造力自我效能感。创新并非是一种与生俱来的能力,每个人都具有创新的能力。因此,员工应充分认识到自身所具有的创造力,充满自信,从而激发更多的创造性想法的产生,产生更多的创造性实践。

其次,从管理者角度考虑。创造力自我效能感是指个体有能力根据任务要求产生新颖的、原创性的和适宜的想法、解决方案或行为的信念,是个体对自身能力的评估。由此可知,在完成工作任务的过程中,组织管理者应当适时给予下属员工鼓励,因为来自上级的鼓励能够直接影响下属的自我效能感。尤其是当员工在创新过程中遇到难题或者挫折时,上级的鼓励和肯定更能增强其完成创新活动的信心与决心。一旦员工对自身创新能力充满信心,就会投入更多的热情到工作中,从而为企业带来更大的绩效。

以往研究表明,过去成功或类似的经历能够有效提高员工的创造力自我效能感,相反,以往失败的工作经历可能使其丧失工作信心。因此,在日常工作中,管理者应该让员工不断地体会成功的感受,即使失败也要鼓励

其不断试验,不放弃直至成功。在创新时体会成功的喜悦会增加自身的成就感和满足感,也增加了成功的经验,这些都会转化为创造力自我效能感,从而增强员工从事创造性工作的自信心与工作热情。组织可以通过专门培训,提高员工在从事特定任务时的创新信心,进而固化成员工的内在信念,从而积极影响员工创造力。

此外,需要注意的是创造力自我效能感所强调的是对自身拥有的技能的肯定,一种个体的内在感受,而不是员工个体的技能。因此,企业在考察员工创造力自我效能感的时候还需要选取正确的、能够衡量这种自信程度的指标,选任创造力自我效能感高的员工从事创新行为。

(3)建立与完善相应机制,提高员工的组织公平感

在组织中,互动公平反映了员工对沟通过程中所受的对待质量的认知,涉及了人际公平和信息公平两个方面。具体而言,人际公平反映的是在执行程序或决定结果时,上级对待下属是否彬彬有礼、是否考虑到对方的尊严,以及是否尊重对方,而信息公平则主要是指管理者是否为员工传达了应有的信息,并提供相应的一些解释。员工只有从直接上级那里感知到了互动公平,基于互惠的原则,员工才更加愿意发挥自己的创造力潜能,表现出更多的创新行为。因此,为了提高员工的创新表现,组织需要采取相应的措施提高员工的互动公平感。对此,结合本书的研究结果及以往的相关研究结果,本书将从互动公平的人际公平以及信息公平这两个方面就如何提高员工的互动公平提出以下几点建议,以期提高员工的创新行为,获得更高的组织绩效。

首先,领导者在对待员工时需要注重人际交往的公平性。从本书的研究结果中可知,员工在与伦理型领导的互动沟通中能够知觉到高水平的互动公平,继而会影响员工的创新行为表现。这表明员工的互动公平感的质量高低主要会受到员工与领导者沟通时两者间的人际关系的影响,且在一定情况下可以影响到成员对组织的反应。在实际的组织情境中,领导者通常是互动公平的实施者,也经常被视为组织的代表。因此,领导者对成员态度及行为的形成起到了至关重要的作用,互动公平的积极效用在很大程度上是通过领导者实现的。在组织管理中,若能充分利用好互动公平这一积极因素,可以在员工的激励过程中起到事半功倍的效果。因此,在互动公平的执行中,领导者要特别注意自己的行为。互动公平是有关决策执行

过程中员工感知到的人际关系质量，所以要提高员工的互动公平，必须要让员工感觉受到重视和尊重。在管理实践中，领导者要善于为其下属营造出一种人际公平的感知，向下属传递更多的公平信号，如在与下属进行沟通交流时，能够做到对待下属彬彬有礼、认真倾听下属的意见，真心真意和员工进行沟通、关心下属生活和构建良好工作关系等，使员工感受到自己是被领导尊重的，感知到更多的人际公平。这就会使员工的自我价值感知和被尊重感知等得到满足，倾向于把自己视为"圈内人"，驱使员工表现出更多的创新行为，以回报领导者对他们事业发展的支持。

其次，组织需建立完善的沟通和申诉机制。沟通在组织公平理论中有两层含义，一是沟通的程序是否公平，二是领导与员工的沟通互动是否公平。完善组织沟通体系在一定程度上可以确保沟通程序的公平。沟通的方式多种多样，包括口头沟通、书面沟通、电话沟通、电子沟通等。企业组织应该充分利用沟通来缩短领导和员工之间的心理距离。只有实现领导与员工心理的零距离接触，才能激发员工广开言论，多提宝贵意见。建立对话机制，确保员工心理不平衡感能够得到妥善解决，避免不必要的误解和心理问题。沟通的互动公平主要体现在领导是否真心真意和员工沟通。领导一定要倾听员工的心声、尊重员工、并对员工以礼相待。通过良好的沟通环境鼓励组织成员发表自己的意见，增加员工与组织之间的相互理解，对涉及员工的决策要予以合理解释，解释程序为什么会这样进行以及结果为什么会这样分派，从而避免员工对公司的政策产生误解，提高员工的公平感知并减少反生产行为。另一方面，在保证决策及时性的前提下，提倡员工的民主参与，让员工感受到在组织中的归属感，从而提高工作积极性和组织公民意识，减少负面工作行为的发生。在我国的很多企业中，高权力距离使得员工即使有意见也不敢提。在管理者与员工之间应建立一套完善的沟通机制，保证信息的有效传递，领导者也应该对员工的意见及时地进行处理，使员工能够感受到组织对他们的重视，从而提高组织公平感。在企业管理和实践过程中，探讨互动公平的培养机制，要实行人性化管理。一个优秀的主管往往是懂得换位思考的人，他们善于站在员工的立场上考虑问题，设身处地去感受员工的想法，在必要时还会挺身而出，为员工排忧解难。对于决策过程和决策结果要及时与员工沟通，并做出必要的解释，使员工感受到领导者对每个人都是公平的。加强与员工的交流和沟通,这样才能提高员工的效忠感和归属感,才愿意继续留在组织,为组织的创新发展尽心尽力,从而实现共同发展。

最后,运用反馈机制,及时了解员工对公平的感知。组织公平感对于员工创新及其绩效表现有正向的影响,所以领导者在管理过程中应及时关注下属员工的公平感知,不仅应该按照他们的工作表现给予合适的报酬,设计恰当的奖励制度如绩效工资方案和股票期权方案等,提高他们的分配公平感,而且要经常关注他们的心理公平感知。

(4)为降低员工的权力距离感,组织需要注重"以人为本",尊重员工的创新想法

中国传统文化下的尊卑、顺从思想等仍然主导着员工的心理,上级领导的看法和观点对下级的决策和行为有着极为重要的影响;在组织中,如果员工认识到管理者权力高高在上,那么员工的权力距离感就越高,员工则更愿意听从上级的安排从事,从而更容易使员工循规蹈矩而不会主动的去创新;反之,若员工认识到管理者与其平等相处,能关怀员工、尊重员工的想法、关心员工的福利以及重视员工的贡献,员工与管理者融洽相处而不是对正式权力的畏惧,员工感知到的权力距离就越低,在工作中,员工的主观能动性会变强,容易产生一些个人的新想法和主见等,从而容易产生创新行为。

近年来,人力资源在企业的生存与发展中显现出越来越重要的作用。相应地,人力投资也成为企业最有效的投资之一,以人为本的管理理念也越来越得到企业管理者和社会各界的认同。以往成功的经验使我们认识到,尽管创新是一个极为复杂的过程,但创新却是促进企业成长和保持持续竞争力的不竭源泉。注重以人为本,给予员工更多的关怀,让员工施展其独有的创新能力,不论这些创新的想法与企业文化和企业战略是否相符,都应该予以尊重,如果条件允许和成熟,领导者和管理者要积极支持和鼓励员工的创新想法转化为实际的生产力,促进企业长远发展。然而在诸多企业中,员工感知到的高权力距离是员工在组织中感知到的严重的不平等对待,这势必抑制了员工的创新想法的提出。因此,在企业创新求发展的环境中,注重和推进以人为本的管理理论,尊重员工的创新想法是十分必要的。

(5)组织应培养良好的上下级关系

在组织管理中，组织不仅需要充分履行对员工的组织承诺，还需要重视对上下级关系的管理在组织管理中的重要性。在中国的企业里，管理者和员工关系的建立和保持是一门艺术。若上级领导者与员工之间的关系太差，那么往往不利于在工作中形成积极的合作关系。上下级关系在伦理型领导与心理安全感及员工创造力之间的调节作用告诉我们，高水平的上下级关系使得伦理型领导对员工的心理安全感及员工创造力的作用效果更强。可见，上级领导者与员工之间建立并保持良好的上下级关系对员工的心理与行为至关重要。具体可以从以下几方面入手：

首先，需要建立平等互依关系。中国的上下级关系是建立在领导权威基础上的，上级和下级的身份规定了双方的权力和义务，上下级之间仅仅是领导与被领导、指挥与服从的关系。但是，在现代社会组织中，上下级间的更深层次的互依合作关系也日益凸显出来。上级与下级之间是相互依存的，谁也离不开谁，上级的决定和命令需要下级去贯彻和执行，同时也要接受下级的监督、批评和建议，不得侵犯下级的权益。完整意义上的上下级平等，一方面，是指上下级权力与责任范围的平等。另一方面，还指不管身处什么岗位，都应该平等相待，彼此之间没有尊卑贵贱之分。因此，要建立上下级之间真正的平等关系，需有上下级良性互动。只有这样，才有利于建立和谐的上下级关系。

其次，投入使用信任互馈机制。通常，人与人的相互关系会自然地形成回馈效应。所谓信任的回馈效应，就是当发出信任时，信任的发出者也会得到信任接受者的回馈，即单方面的信任会导致双方的相互信任。在现代的社会组织中，不论是上级还是下级，如果自己既能付出信任又能收获他人的信任，那么一种良性的双向信任机制就能建立。在这里，得到他人的信任与给予他人信任是同等重要的。组织中的双向信任机制可以细分为"上向信任"与"下向信任"，前者是指下级对上级的信任，而后者是指上级对下级的信任。管理的本质是通过别人的努力来完成任务，而通过别人完成任务的关键在于权力的下放，即放权和授权。上级要想树立威信以得到下级的信任与支持，就不能把权看得太重、控制得太多、握得太紧，而是要学会授权，不事必躬亲地包揽一切，学会给自己减负。放权是依重和信任的体现。只有使下级知道被依重，才能激励其能动的工作，只有使下级感到被信任，才能真正做到令行禁止。同样，下级要不断提升自己的专业技能、个人品质以及沟通能力等方面,来获得上级的信任。

再次,需要践行适度互惠原则。如果说,关系就是一种能持续交换利益的友谊,那么,在这一关系中,一方必须提供一些另一方认为有价值的东西并承诺会给对方带来好处。双方都认为交换是公平合理的。基于这种理解,上下级之间的关系是一种互惠的交换关系。但是,上下级间的互惠交换关系必须坚持适度原则,既不能"不及"也不能"过分",否则只会导致上下级关系的疏离。若下级不积极主动地去维护上级,会得不到上级的青睐和厚爱,不利于个人发展或组织的发展。而下级过度的维护上级,不仅会使下级与上级在建立正常关系的过程中失去可靠的基础,而且也会给同级以及其他群众带来损害。最终非但没有给自己换来"好处",还失去了上级、同级的关怀与尊重。由此,要化解上下级关系的疏离,不仅要坚持"缺度"要补足,"过度"要减弱,"适度"要保持的原则,还要把握好互惠交换的技巧:上级要换取下级忠诚与服从就应做到:"指示而不包揽"、"授权而不失控"、"信任而不放任"、"关怀而不溺爱";下级换取上级支持与尊重也应做到:"依靠而不依赖"、"尊重而不逢迎"、"服从而不盲从"、"负责而不争权"。

最后,营造包容开放文化。在组织中的上下级是分工不同、责任不同、任务不同的团队成员,其有着共同的目标和利益追求,但当组织无法了解和适应成员需求时,就会产生上下级关系疏离的现象,在这种情况下,需要从包容性、开放性两方面入手,构建对组织上下级成员需求理解准确、反应迅速的组织文化氛围。包容性的文化氛围,不仅仅是海纳百川、兼收并蓄,更是上下级存在分歧、隔阂、矛盾等不和谐因素,甚至相冲突的事物时,能够展示出大度的包容姿态,让上下级能够在较为宽松的环境下评估新事物、新理念和新的需求,做出及时正确的反应,化解不和谐因素。开放性的文化氛围,要求上下级勇于创新,在学习新理念、适应新事物中发展进步,鼓励上下级敞开胸怀接纳外界新鲜事物,呼吸新鲜空气,这样的开放文化有助于上下级间的相互理解、相互信任。构建包容开放的组织文化,有助于营造组织内外的和谐氛围,有效避免上下级关系疏离,有利于构建和谐上下级关系。

此外,在中国组织中,良好的个人"关系"离不开上下级之间思想和情感的沟通互动,组织要改善非正式沟通,必须十分重视并充分利用非正式沟通渠道的作用,通过聚餐、谈心等方式互通信息、交换看法、消除误会、化解矛盾,实现协调一致。因为有些上下级之间的"关系"紧张的原因之一,就是彼此缺少非正式沟通、相互封闭。

(6)强化组织建设,创造良好的创新创造氛围以激发员工的创造力

首先,营造良好,沟通氛围。领导与企业要在组织内营造一种良好的沟通与言论氛围,积极给员工创新创造提供表达各种观点和建议的机会。同时尽可能淡化关系政治,凡事对事不对人,让员工可以放心创新。积极营造并建立一种"和睦、合作、互信、共赢"的氛围,努力建立一种非强迫性的融洽氛围,培养公平、宽容的组织文化,促进员工创造力的提升。

其次,构建组织内信任文化,增强组织认同度。信任是组织成员之间的重要润滑剂,缺乏信任时可能造成员工不愿意创新,而更愿意遵循旧的套路,领导应该积极与员工建立信任关系,企业需要在员工之间建立共识和信任感,保护员工的创新的内在积极性,增强员工的心理安全感,使工可以放心的进行创新。

再次,注重建设沟通渠道和反馈体制。在组织中,造成员工创新效率低下的原因有多种。其中关于创新的沟通机制不健全可能是员工不愿意创新的重要原因。领导应注重企业内正式沟通渠道和非正式沟通渠道的建设,包括对直接领导或者其他领导的创新沟通通道,使员工可以通过直接或者间接,正式或者非正式的渠道向有关的领导反应组织或者自己创新中遇到的问题。可以在公司内设立正式的信息沟通渠道鼓励员工提出自己的创新性的想法然后集体讨论问题的重要性,最后就相关问题展开切实的行动。

最后,转变管理方式。在条件允许的情况下,组织可以通过采用扁平化组织、虚拟组织或是宽松管理模式等方法来改变组织管理模式与团队规模,从而打造一个对员工创新有利的环境。此外,改变原有的中央集权的管理方式,并逐渐向授权的方式转变。研究表明当员工承担更多的责任时会更有动力积极创新(Zhang,Bartol,2010)。构建学习型组织有利于引导员工改变心智模式,促进员工自我管理,不断自我超越,激发员工的自豪感,提升员工满意度,人尽其才,增强其对组织的归属感。

第二节 未来研究展望

一、德行领导与员工创造力的研究应引起关注

已有研究表明,文化环境会对员工的创造力产生影响(Tsai,2012)。但是,一些西方学者认为"中国传统文化过于安宁惰怠,只囿于最切身的利益,对成俗不敢逾越,对事物缺乏热烈的追求",这一切恰恰与创新和探索精神格格不入(厚宇德,2002)。这是偏见还是事实?而当我们回顾中国的传统文化时发现:中国传统文化强调"天人合一"的思想,承认天道与人道既有"常"(规律)的一面,也有"易"(变动)的一面,鼓励通过不断地自强创新、革故鼎新来适应不断变化的自然、社会和人类发展的要求。由此可见,部分西方学者对中国文化与创新关系的认识是不够深刻的。所以本研究立足于中国传统文化背景,来探讨具有中国文化特色的研究变量对员工创造力的影响机制。

在理论研究方面,组织的领导风格和管理方式对员工创造力的影响机制得到了学者的广泛关注(Gu,Tang,Jiang,2013;Rego,Sousa,Marques,Cunha,2012;Qu,Janssen,Shi,2015)。而德行领导作为家长式领导的三个维度之一,起源于中国传统的儒家文化,被证明普遍存在于当代华人企业中。这种中国文化背景下特有的领导作风,也被认为是对员工的工作态度和产出最具有预测效度的一种领导风格(Farh,Cheng,2000;Chen,Liao,Wen,2014)。近年来,德行领导已经逐渐引起了国内外学者的关注和重视,但是,当这些研究转移到不同的文化环境中,我们目前的认知和见解就变得非常有限(Scandura,Pellegrini,2008)。比如:一些西方的研究认为,现在的企业越来越依赖于规章制度,注重保护个人权利,且下属的服从也只是由于领导地位和权力的作用,所以在组织中实施道德实践会成为阻力,而非西方文化国家(如印度、土耳其、中国、日本)的一些研究则认为,员工更倾向于通过赞成和支持领导的决策来回报德行领导者的关心和帮助(Chen,Liao,Wen,2014)。这种理论研究的矛盾状况,可能是中西方文化价值观的差异造成的,华人组织的领导与管理是有别于西方的,领导行为

对员工创造力的影响及其机制也有所不同。尤其是中国的企业组织深受传统儒学文化和道德价值观念的影响，对领导者的德行操守提出了更高的要求(许彦妮，顾琴轩，蒋琬，2014)，因此，如何合理运用领导者的道德品质，激发员工创造力，成为亟待解决的问题。

首先，德行领导因其强调了领导者的道德特质对员工工作态度与行为的影响，近年来引起了国内外研究者的广泛关注(Pellegrini，Scandura，Jayaraman，2010)。《论语》中也曾讲："为政以德，譬如北辰，居其所而众星拱之"，体现了古人对领导者德行品质的推崇。那么在现代中国企业组织中，德行领导对员工的创造力会产生怎样的影响？其次，自古以来中国人都非常重视"关系"的意义与价值，传统文化中"以和为贵"、"贵和尚中"的处事原则强调了人与人之间关系的和谐。具有高尚道德品质和修养的德行领导行为有助于与下级建立亲密的私人关系(Weng，2014)。那么，上下级关系在德行领导行为与员工创造力关系中扮演了什么角色？最后，高权力距离的中国文化使得人们强调尊卑等级制度，企业中的员工则表现为认同领导与下属之间权力分配的不平等(Loi，Lam，Chan，2012)。然而随着中国现代化进程的不断深入，员工文化价值观日益走向多元化。那么下属的权力距离取向是否会影响德行领导者与下属之间的关系进而影响员工的创造力？

在过去的40多年里，众多学者已经对德行领导的相关概念和结构开展了深入探讨。然而到目前为止，德行领导通常是作为某些领导模型的因素而反映出现，大多数研究并没有把德行领导看作是相关领导理论的核心。由于缺乏对德行领导理论的整合，相关的实证研究虽然很多，但对德行领导作用效果、机制和影响因素的认识还不够系统，这在一定程度上阻碍了德行领导应用于实践的步伐。另外，现实中在强调品德因素对领导者重要性的同时，忽视了品德因素的"晕轮效应"，即人们通常认为一个品德高尚的领导者自然具有较好的领导行为，或者说其领导行为是非常有效的，德行领导可能会掩盖了其他领导行为的作用和有效性，不利于领导者其他有效行为的发现与培养。受传统文化中关系取向文化的影响，华人组织的领导者在管理方式与领导行为上会有差序的表现，会有所偏私，不会一视同仁的对待下级，这与一视同仁、大公无私的德行领导有相互矛盾之处。领导者一方面要符合下级对他的德行期待，另一方面又必须对自己人下级有区别对待的行为。作为一个华人组织的领导者,究竟该怎么做亟待明确。目前类似的研究还非常少,只有纪如鸿(2006)基于 408 个样本,比较了差序领导对德行领导知觉的影响。

此外,在研究方法的使用上,人们多使用问卷调查等方法来研究德行领导,实际上,内隐领导理论是指存在于人们(作为追随者角色)头脑中关于领导者应该具有的特质或行为的认知图式或原型,这种认知原型当与特定的领导结合时被激活,并以此为依据对认知对象进行定义或评价。与此相对应的,外显领导理论是对领导者实际表现出的行为进行的观察与评估(Schyns,Schilling,2011)。从以往研究指导语可以看出,凌文辁,林琼,李超平等人的研究属于内隐领导理论范畴,而郑伯埙,赵国祥,孙利平,路红等人的研究属于外显领导理论范畴,但是在研究方法上他们都以问卷调查法为主,而没有使用"纯粹的"内隐测验方法(如:内隐联想测验、潜伏期测量、投射测验、实验性分离范式等)对内隐领导的理论结构进行测量。此外,还缺乏德行领导内隐和外显研究的比较、分析与整合,对两者是否有交互影响也不清楚,还需要大量实证研究来验证。

可见,对德行领导进行相关的实证研究是至关重要的,因为这是植根于中国文化土壤的研究概念,只有对德行领导充分的了解,才能便于我们更加准确知悉中国文化背景的组织中德行领导对员工创新所产生的重要影响,使企业更加有针对性地采取相应的措施来提高德行领导的各个方面,从而使员工产生更多的创新表现。

二、进行伦理型领导与德行领导的对比研究

首先,我们需要针对"伦理"与"道德"的概念差异进行简要的说明。"Ethies"(伦理)源自古希腊文"Ethos",其本意是人格或本质,当然也与风俗、习惯具有一定的联系,后来罗马人用"Moralis"来翻译"Ethos"。一般来说,在日常生活中,人们通常将伦理(Ethics)与道德(Moral)用作同义词,不过,哲学家对这两个词的涵义进行了细致区分,关于这两者的内涵和区别,长久以来都是哲学领域方面十分有争议的一个问题。其中,重要的差别在于两者是强调主观还是客观、内在还是外在、个人还是社会(何怀宏,2002)。例如,黑格尔认为,"伦理"比"道德"要高,"道德"是主观的,而"伦理"是在它概念中的抽象客观意志和同样抽象的个人主观意志的统一。在许多文献

中，人们在表示一些客观的状况、较普遍的问题时，用到伦理这个词，在表述主观的准则、精神、意识或传统等时，常用道德一词。尽管在哲学领域，人们对两个概念进行细致的区分，不过，总的来说，这两个概念是趋同的，人们通常将伦理与道德等同使用，原因可能是道德不仅具有主观性、也具有客观性，因为人们在遵循道德原则处理各种关系时，道德是内化于伦理之中的。

近些年来，不论是企业、教育还是医疗卫生组织均对伦理型领导进行了相应的探讨与研究。尽管关于伦理型领导的研究起步时间晚，但经过短短几年的发展，已有相当可观的研究成果出现。本书根据对国内德行领导相关研究的总结，并与西方关于伦理型领导的研究成果进行比较，发现德行领导与西方学者对于伦理型领导的论述和实证研究结果既有着相同之处，也存在着诸多差异。

(1)德行领导重"修己安人"，伦理领导重视引导下属作出道德反应

从 Brown, Treviño, Harrison(2005)开发的量表项目内容来看，包含着关心下属利益、诚实公平、遵守商业伦理、做道德榜样等内容。量表具体提项如下所示：倾听雇员的心声、惩罚违反道德标准的下属、自身遵守道德规范、公平公正地做出决策、值得信赖、与员工交流商业伦理和价值、为如何正确行事树立榜样、不仅以结果而且还依据获得结果的途径和方式来定义成功、当进行决策时，会先问"什么事是应该做的"。

从伦理领导量表的项目来看，西方人比较重视伦理领导者对下属的道德引导作用，如"与员工交流商业伦理和价值"；"惩罚违反伦理标准的雇员"；"根据伦理要求，如何正确行事树立榜样"等。对于上述几点内容，并没有在德行领导的相关内容与题项中反映出来。尽管我们在对德行领导与后果变量作用的探讨中发现领导者实施德行领导会对下属有内在的积极的影响作用。这可能是因为中国人自古以来主张"内圣外王"，强调领导者应通过"修己"，提高自身的道德修养来达到"安人"的目的，同时，当领导达到"修己"的境界后，领导者的道德威望就无形提高，对员工的感召力也会随之增强，从而促使员工达到相应的目标。正如古人所言："修身，齐家，治国，平天下"，即"身修而后家齐，家齐而后国治，国治而后天下平。自天子以至于庶人，壹是皆以修身为本"(《大学》)。这里，"修身"是中国古代领导思想的逻辑起点，"齐家、治国、平天下"的本质是"安人"。领导者的道德

修养不仅是个人的私事,而且还关乎到治国、平天下的大事,修身与齐家、治国、平天下相结合,领导者才能内圣而外王。因而,中国传统思想强调领导者的德行是一个集体乃至国家的中坚力量,因此在选拔治国者、领导者的时候,总是遵循着德才兼备、以德为先的标准。在本研究中,德行领导者的廉洁正直、遵守规范、仁厚诚挚等也是领导者的"修己"表现。

(2)两者均强调领导者与员工间的道德关系

从20世纪60年代开始,企业商业伦理问题得到西方诸多学者的重视,领导伦理研究也在一定程度上受到商业伦理、商业道德等的影响。因而在领导伦理或是伦理型领导的研究中,我们可以发现,西方学者所说的伦理型领导虽然强调领导者要符合商业伦理要求,遵守职场规范,并引导下属作出道德反应等内容,但是从伦理型领导的量表测量项中,我们也可以看出,西方伦理领导也包含着关心下属利益、诚实公平等方面的内容,如"倾听雇员的心声、惩罚违反道德标准的下属、自身遵守道德规范、公平公正地做出决策、与员工交流商业伦理和价值、如何正确行事树立榜样"等等。这些内容在一定程度上与德行领导的正直、诚挚、关心下属成长等内容相近,或包含在德行领导的相关维度中,这也说明了尽管伦理型领导的相关研究在某些方面与商业伦理、商业道德的存在一定的联系,但伦理型领导作为"应用领导理论指导实践以建立一个更人性化、更公平的社会"的一个方法、一种努力,其内容不仅体现了对商业伦理道德的遵守,也体现了组织内上下级之间的道德关系。

关于经验的研究和理论认为,中国是一个比较重视人际关系、倾向于建立情感性联系的国家,领导者的诚恳、公正、公平等道德品质与中国人向善、向美、向诚意的本质相融合,便是组织中上下级关系的理想化体现。尽管理论认为,西方社会以个人主义为核心,但实际上西方人对人际关系中奉行坦诚、互惠、关心等处世原则表现得也非常积极。这在西方的其他一些领导理论、思想中同样也有体现,例如,尊重下属、帮助下属处理价值冲突和问题的变革型领导、具有强烈的无私的道德色彩的服务型领导、对下属产生情感上的深刻影响的有道德的魅力型领导等,关于这一点我们在综述中已有比较详细的阐述。

Brown,Treviño,Harrison(2005)对于伦理型领导研究的相关结果与他们对不同行业的经理人员进行的结构化访谈所得到的结果基本一致,具体表现在如下方面：伦理型领导不仅是正直和可信赖的，也通常是公平的、有原则的决策者，他们关心他人和社会的利益，并通过自身的榜样作用和奖惩机制，引导下属做出正确的道德反应。关于伦理型领导者能够引导下属做出道德反应这一点，我们从对企业高管的访谈中也发现，这些企业管理者通常将伦理型领导定义为：榜样领导，道德行为的模范角色，在商业事务中激励下属员工做出合乎道德准则的行为。可见西方理论界也比较重视领导者提高下属的道德水平，营造组织的道德氛围，提高企业的道德形象。

研究者们还发现，在不同的文化环境里，伦理型领导有着类似的表现（Resick，HangeS，Dickson，Mitcheluson，2006）。根据以往国内外学者关于伦理型领导的研究，我们可以发现伦理型领导基本上都包含品行正直诚实、利他、集体利益至上、鼓励这四个方面内容，只是在不同的文化对每一方面的内容的认可程度存在差异。关于伦理型领导内容的这些观点也在西方许多文献中有所体现，在综述中我们也进行了一些介绍，这里就不再一一举例。

总的来看，我们所探讨的企业德行领导的内容与西方关于伦理领导的成分有诸多相同之处，当然，因国情、文化不同，也有明显的不同之处。

国外的伦理型领导与中国的德行领导是否有相似之处，形成原因又有何不同，值得我们去深入思考。凌文辁，方俐洛（2003）认为，个人品德通过模范和表率的动力机制，一方面可使被领导者在工作中的不满情绪得到解除，从而获得心理上的平衡和公平感；另一方面，领导者的模范表率行为，通过角色认同和内化作用，可以激发员工的内在工作动机，使其努力地去实现组织目标。中国的德行领导仅限于领导者的个人品德，强调其对下属潜移默化的影响，而没有像西方伦理型领导那样将下属的伦理行为作为一个明确的领导任务。鉴于不同文化下领导方式及领导效果会有所不同，中国学者应该探讨本土背景下的德行领导在内容、作用机制上和西方伦理型领导的异同，吸收不同文化的优秀管理理论，为中国的领导实践以及企业的组织行为实践提供科学有效的指导。

德行领导作为家长式领导的一个维度，起源于孔子的价值观，被认为是三种领导行为中最具有预测员工工作态度和产出的一种风格（Farh，Cheng，2000；Farh，Cannella，Lee，2006；Pearce，2005；Cheng，Farh，

Chang，Hsu，2002；Chen，Liao，Wen，2014）。Farh，Cheng（2000）将德行领导定义为一种表现出高的道德水平、自律的、无私的和以身作则的起示范作用的领导行为。近年来，德行领导由于其有效性，已逐渐引起国内外组织行为学者的关注和重视。然而，德行领导的研究多在不同的文化背景下开展，以致学术界对其的理解和认识相对较为局限（Chen，Liao，Wen，2014；Li，Wu，Johnson，Wu，2012；Farh，Cheng，2000；Pellegrini，Scandura，2006）。一些西方的研究认为，因为现在的企业越来越依赖于规章制度，注重保护个人权利，且下属的服从也只是由于领导地位和权力的作用（Pellegrini，Scandura，2008；Weisskopf，1947），所以在组织中实施道德实践会成为阻力。而非西方文化国家（如印度、土耳其、中国、日本）的研究则认为，员工更愿意对组织和领导的决策表示同意以回报感受到的来自德行领导的关心和支持（Chen，Liao，Wen，2014；Pellegrini，Scandura，Jayaraman，2010；Pellegrini，Scandura，2008）。特别是在中国文化背景下的研究，实证检验了领导经由影响员工的创新绩效而对组织发展发挥了重要的作用（Elenkov，Judge，Wright，2005；Lennick，Kiel，2007；Osborn，Marion，2009；Sa'ari，Jali，Idrus，Mohamed，Adenan，2013；He，Chen，2014；Farh，Cheng，Chou，Chu，2006）。

可以想象的是，对德性领导与员工创造力关系的探讨，可能会取得与西方文化背景下伦理型领导重叠的结果，但也可能存在一些具有文化特异性的结论，而这些具有一定文化特异性的结论，将是我们对组织中领导者的道德特质对员工创造力影响的文化贡献。

三、研究设计、数据同源误差的控制及研究的外部效度

因为时间、经费及作者的研究资源的情况，本书中的三个实证研究数据的采集都采用了在同一时间同一情境下的一次性获取的方法，这种方法有简便、费用低的优点。但必须承认的是，对于伦理型领导这一复杂的组织领导者行为以及更为复杂的组织中员工创造力的激发这一现象，单纯的一次性获取数据的方法获得的结果，只能证明研究变量之间存在一定相关关系，而不一定能证明伦理型领导对员工创造力的激发的因果关系。因此在研究结果的有效性方面还存在一定的不足，主要表现在对因果关系判断方面。而能有效地弥补横截面数据对因果关系影响的研究设计是纵向追

踪研究。纵向追踪研究亦称作纵向研究或追踪研究,是在比较长的时间内对相同对象进行有系统的定期研究,或者从时间的发展过程中考察研究对象的研究方案。鉴于此,今后在对领导的道德特质与员工创新关系的研究中可考虑采取纵向的研究设计,在不同的时间点进行测量,即在收集相关前因及中介变量的数据之后间隔一段时间,再测量结果变量,从而使各变量之间的因果关系更具说服力。

本书中呈现的三个实证研究中可能还存在一个比较重要的共性问题,即研究数据的获取手段都是采用量表这一研究工具获得,那么就可能存在共同方法偏差对研究结果带来的影响。共同方法偏差可能会对量表类的研究带来显著影响,这也是近些年来研究者和期刊杂志关注的一个重要问题。在控制 CMV 时,过程控制与统计控制相结合是一个相对较好的选择(熊红星,张璟,叶宝娟,郑雪,孙配贞,2012)。在研究设计控制之后,再选择合适的统计补救法。

在本书的三个实证研究中,我们在研究设计之初就已经考虑到共同方法偏差可能对研究结果带来的不利影响,所以采用了一些手段来对共同方法偏差进行控制。主要方法如下:首先,事前控制阶段。在研究设计阶段我们就有意识地通过事前控制手段来降低共同方法偏差对研究带来的影响。我们采用的问卷都是得到国内外研究证实有效的高质量问卷,英文的问卷我们采用了标准回译法,避免了因语义不清可能带来的 CMV 问题。在数据收集阶段,我们采用了不同源配对收集问卷的方式,因为避免或减少 CMV 影响的最好的方式就是从不同来源收集不同构念的测量数据(Chang,van Witteloostuijn,Eden,2010)。其次,在事后统计控制方面。对于共同方法偏差的检验技术也有很多,国内研究者近来年大多依照周浩,龙立荣(2004)文章中所指出的方法进行检验,但对共同方法偏差的检验仍然是个难题(熊红星,张璟,叶宝娟,郑雪,孙配贞,2012)。我们采用了两种方法进行检验,Harman 是一种比较容易通过的方法,因此我们补充了将共同方法偏差作为潜变量的控制方法。CFA Marker 技术是近几年兴起的一种事后统计控制方法(Richardson,Simmering,Sturman,2009;Williams,O'Boyle,2015)。

另外,本研究的数据取样主要来自于长三角地区的一些企业,因为研究中考虑到不同地域的员工,由于地域文化的差异在对领导的认知以及员工创新上可能存在一定的差异,为了降低这个影响,研究采用了来自一个地域的样本,在一定程度上能够提升研究的内部效度,但是相反降低了研究的外部效度,因而在后续研究中可以考虑在更多地域、进行更多情景下的研究,最终提升研究结论的外部效度。

四、拓展伦理型领导与员工创新关系的中介及调节效应的研究

对于伦理型领导与员工创新行为之间的作用机制的发展,在今后的研究中可考虑增加其他中介或调节变量进行研究。本书中的三个研究虽然对领导的道德特质与员工创新之间的中介以及调节机制开展了多方面的研究,但其可能还会受到其他因素的影响。在未来的研究中,我们可以尝试一些其他的中介变量和调节变量来深入研究两者之间的复杂的关系。如 Howell,Shamir(2005)指出基于权变的观点来研究领导有效性的方式越来越受到关注,可以将情景因素或是变量引入研究模型,分析组织文化、组织创新氛围等一系列组织情境变量是如何调节伦理型领导与员工创新行为之间的关系的。

此外,进行跨层次研究也将是一个重要的研究方向和领域。为了深入了解伦理型领导对员工创新行为的长期影响效果,有必要在团队和组织层面对伦理型领导与创新行为间的关系展开考察,以便获得对两者间作用机制的更全面的认识,从而能够对企业员工创新管理提供理论指导。

五、伦理型领导量表的本土化

本次书中涉及的伦理型领导问卷参考了国外学者开发出的成熟量表,此量表被研究证明具有较高的信效度和稳定的结构,虽然通过预测试对问卷进行了调整和修正,但是问卷在中国文化背景下进行研究的效果还有待进一步验证。因此,在未来的研究中,可以考虑对问卷进行本土化的考量,对其采取有针对性的深入分析,开发出一套适合中国企业研究的伦理型领导问卷。此外,将德行领导作为单独的领导风格去研究它的作用效果和作用方式是对中国传统文化的继承与沿袭,也是当前学术研究的大势所趋。然而目前对于德行领导的单独研究还处于初级阶段,学者们对其维度的界定以及测量方面并没有达成共识,尚不成熟。所以对其结构维度和测量工具的研究仍然处于探索发展阶段。伦理型领导本土化量表的出现使我国

的管理者在把理论知识运用实践中有了很好的工具，对测量结果的解释具有了更高的信度和效度；能更好地解释中国人特有的心理和行为。这些本土化的研究成果中，有些与其他国家、地区有共性理论，也为管理学理论的普适性提供了支持。在今后的研究中，开发中国特色的伦理型领导问卷与德行领导量表不仅能够丰富其理论研究成果，同时也能够为中国企业的创新管理进行行之有效的指导。

后　记

　　本书是我从事教师这个职业以来出版的第一部专著,也是近年来在伦理型领导与员工创新关系探讨的一个总结。主要收录了我们团队对伦理型领导、德性领导的研究综述以及相关的三篇实证研究。实证研究的两篇已经发表在《心理科学》及《科学学与科学技术管理》期刊上,这次整理成书时进行了扩充和修改。

　　本书主要围绕伦理型领导对员工创新行为(包括创造力)的影响机制进行了探讨。大体可以分为三个部分:第一部分是围绕伦理型领导的文献综述,根据我们所掌握的文献资料,对伦理型领导概念的发展、测量及其效用进行了综述。鉴于比较研究的思考,我们也对东方文化背景下家长式领导中的德性领导也进行了文献综述。第二部分是实证研究部分,通过伦理型领导对员工心理安全感、公平感知等心理因素的影响从而影响员工创新的机制进行了实证研究。第三部分是对文献综述和实证研究结果进行讨论和展望,以期对未来的研究有所启发。

　　本书的完成要感谢我的硕士研究生:祝涛、叶佳佳、王慧娟、郑友兵、张洋、李净谊、葛菁青、张玲、李艺雯、谷星瑾和余璐。其中祝涛、叶佳佳、王慧娟、郑友兵、张洋、李净谊为本书的完成做了大量的文献收集及部分初稿的编写工作。葛菁青与张玲完成了书稿的格式修改、文字校对及参考文献修订工作。李艺雯参与了第一章、第六章部分的编写工作(参与撰写的字数超过1万字),谷星瑾与余璐分别参与了第六章部分及第七章的编写工作(他们参与撰写的字数分别超过1万字)。没有他们的辛勤努力,就不会有本书的出版。

　　在撰写过程中,本书参考和引用了大量的国内外专家、学者们的研究成果,在此对这些专家和学者们一并表示衷心的感谢。当然文责自负!

　　感谢浙江省重点学科-浙江工商大学企业管理学科、浙江省重点人文社科基地—浙江工商大学企业管理学、浙江省精品课程——浙江工商大学的企业领导学及浙江工商大学校级精品通识课——领导力与团队建设提供的出版资助。也要感谢浙江工商大学出版社副总编辑郑建，他的敬业精神是本书得以顺利出版的重要保证！

由于水平有限，错误疏漏在所难免，敬请读者不吝赐教！

王永跃

于浙江工商大学工商管理学院

2019/07/02